JN025469

社会政策の考え方

考え方

ダニエル・ベラン／
リアン・マホン 著

上村泰裕 訳

現代世界の見取図

Advanced Introduction to Social Policy

有斐閣

ADVANCED INTRODUCTION TO SOCIAL POLICY
by Daniel Béland and Rianne Mahon
© Daniel Béland and Rianne Mahon 2016
All rights reserved.
Originally published in English by Edward Elgar Publishing Limited.
25 Novenber 2016
Japanese translation rights arranged with
Edward Elgar Publishing Limited, Cheltenham, Gloucestershire, UK
through Tuttle-Mori Agency, Inc., Tokyo

日本語版への序文

　私たちは，この短い社会政策入門が日本語で読めるようになったことを嬉しく思っています。本書を執筆した目的は，社会政策に関心を持つ人がこの重要なテーマをよりよく理解するために検討すべき，主要な概念や論点を概説することでした。重要なのは，本書を世界の読者に向けて執筆したことです。これは一つには，方法論的ナショナリズムを乗り越えるためでした。方法論的ナショナリズムは，英米の研究者が自国を念頭に書いた社会政策入門にはよく見られるものです。私たちはカナダという英米より小さな国の出身なので，特定の国の文脈を超えた幅広いアイディアや動向に取り組んでこそ本書は成功すると考えたのです。比較分析やグローバル化が社会政策に及ぼす影響に触れることに加え，先進国と途上国の両方を研究することが重要だと考えました。国際的な文献に見られる社会政策の概念のほとんどは，先進国，とりわけ欧州に起源を持つものです。現代福祉国家の多くが欧州で生まれたことを考えれば，これは驚くにあたりません。同時に，それらの概念は，世界の他の地域における社会政策の発展を照らし出すために作り替えることが可能だと思います。全体として著者の出自や経歴が本書の内容を方向づけていることは確かだとしても，日本の読者によって本書の価値が見いだされ，本書が社会政策に関する国際的対話を促進することになればと願っています。

　本書は COVID-19 のパンデミック以前に執筆したものですが，この短い入門書は依然として時宜に適うものです。それは，多くの概念や論点が，パンデミック後の世界を理解するうえでも役立

つからです。例えば，多くの国でパンデミックが母親や女性労働者に非対称かつ負の社会経済的影響を及ぼしたことは，主要な社会政策課題に対するジェンダーの変わらぬ影響を示しており，その現実は本書でも強調されています。さらに，パンデミック期間中におけるエッセンシャルワーカーの窮状は，労働市場の変わらぬ不平等や，サプライチェーンを維持する人々，子どもや，老人ホームや在宅ケアを利用する虚弱高齢者など社会の最も傷つきやすい成員をケアする人々，彼らに対する保護を強化する必要があることに気づかせました。

　パンデミックは，社会政策におけるグローバル化と国際機関の役割も強調しました。パンデミック期間中にWHO（世界保健機関）が果たした重要な役割がその好例です。本書の第1章で検討した連帯などの古典的概念は，国民全体，特に脆弱な集団を保護するための社会政策的対応を通して各国がパンデミックにいかに取り組んだかを研究するうえで，依然として有用です。同時に，COVID-19の地球規模の蔓延により，私たちの密接なつながりについて考える必要性が高まっています。とりわけ，あらゆる階層，あらゆる国の人々がワクチンを利用できるようにする必要を思うとそう言えます。ワクチンナショナリズムが台頭し，豊かな国々が自国優先でワクチンを貯め込む一方，貧しい国々が利用しにくくなっていることを考えると，国際連帯はかつてなく死活的な課題になっています。

　この序文は，ロシアのウクライナ侵攻が続き，北朝鮮が弾道ミサイルの発射実験を繰り返し，台湾海峡をめぐる地域的緊張が高まるなかで執筆されました。学者たちが長年研究してきたことですが，こうした国際的な紛争や緊張は社会政策に直接の影響を及

ぼす可能性があります。パンデミックやロシアのウクライナ侵攻によって引き起こされた生活必需品の価格上昇は，国際的な出来事がいかに新たな必要を生み，社会政策の論争を方向づけるかを思い出させました。戦争と安全保障への関心は高くつく企てであり，政府の財政的優先順位に影響を与え，社会政策支出に間接的な影響を及ぼすでしょう。昔の「大砲かバターか」の論争の再来です。また，深刻なエネルギー不足は，社会正義と環境保護を皆で前進させる SDGs（持続可能な開発目標）の取り組みを危うくするかもしれません。このように，武力衝突と安全保障は社会政策の発展にとって重大問題です。先進国でも途上国でもそう言えますが，内戦が続くサハラ以南アフリカでは特にそうです。

　何よりも訳者の上村泰裕先生に感謝申し上げます。この翻訳は，彼の発案と尽力によって実現されたものです。翻訳は非常に難しい仕事ですが，彼のように博識な社会政策学者が，私たちのささやかな仕事を日本の読者に伝えるために多大な労力を費やそうと決心してくれたことは幸いでした。上村先生はその尽力によって，私たちが熱愛する，社会政策のアイディアの世界旅行に直接参加されたのです。この翻訳が有斐閣という日本の老舗出版社から刊行されるのは大変光栄なことです。どうもありがとうございます。

　　　2022 年 10 月
　　　　　ダニエル・ベラン＆リアン・マホン

目　次

序　章

　急速に変わりゆく世界のなかで，社会政策は，従来の前提を問い直すような，新たな社会的・経済的・政治的・理論的課題に取り組まなければならない。グローバル化や移民の増加からジェンダー規範や家族構造の変化に至るまで，今日の社会政策システムが直面する課題は困難なものである。こうした状況のもとでは従来の考え方に囚われていてはだめで，20年前なら社会政策の研究者や実務家が見落としていたかもしれない問題を考慮に入れる必要がある。社会政策という研究分野は，世界の変化に適応していかなければならず，グローバルな動向と，依然として残る国ごとの違いの両方に注意しなければならない。

　本書の目的は，従来の社会政策の古典的洞察を放棄することなく，しかも新たな現実を考慮に入れて，この分野の簡潔な概観を提供することである。したがって，本書は古典と現代の両方の理論や概念を用いて，既存の社会政策の仕組みを揺るがし新たな研

究上の問いを提起している幅広い過程（脱工業的な社会経済構造への移行や，さまざまな次元におけるグローバル化など）に光を当てる。一方，こうした過程は，ジェンダー関係の変化や，国民のなかの民族的・人種的・言語的多様性の増大，さらには社会政策のイノベーションの実験場としての途上国（グローバルサウス）の重要性の増大，といった事柄が社会政策にもたらす影響を評価する際の背景説明にもなっている。本書はまた，社会政策の形成におけるアイディアの役割にもっと注意を払うべきだという論陣を張る。最後に，本書は，この分野を伝統的に特徴づけてきた方法論的ナショナリズム〔分析の単位を国民国家に限る見方〕を克服し，国境を越えたアクターの役割に注目することで，比較社会政策研究をさらに実り豊かなものにしたい。国境を越えたアクターは，社会政策の選択肢を決めているだけでなく，不十分ながらグローバル社会政策の仕組みの土台を築く役割を果たしている。

　本書は，最新の課題の重要性を強調しつつも，現代福祉国家の出現をもたらした諸要因を無視するものではない。それゆえ，第1章では，資本主義的産業社会への移行によって生じたさまざまな圧力からいかにして社会政策が生まれてきたかを理解させてくれる4人の古典的思想家——カール・ポランニ，エミール・デュルケーム，リチャード・ティトマス，T. H. マーシャル——の貢献を検討する。第2章では，各国がそれぞれ異なる福祉国家を発展させてきた理由を説明しようとする，もっと詳細な諸理論を概観する。それらの理論は今なお重要な洞察を含むものではあるが，特定のアクター（とりわけ労働組合，左派政党，経営者団体）の役割を重視して他のアクター（女性や民族的・人種的・言語的マイノリティ）を軽視したり，制度（国家構造や政策遺産）を重視してアイデ

ィアの重要性を見落としがちだったりする点で限界がある。こうした理論はまた，主として欧米諸国だけに注目し他の国々をほとんど無視しており，社会政策が主として国家スケールで実施されることを自明視していた。

第3章からは，こうした限界を乗り越えて進む。まずは政策研究へのイエスタ・エスピン - アンデルセン（Esping-Andersen 1990, 1999）の重要な貢献（『福祉資本主義の3つの世界』の類型論）に関する議論から始めるが，それだけでなく，フェミニスト理論家が提出した代わりの類型や概念も検討する。第3章と第6章では，脱工業化にともなう性別役割分業規範から共稼ぎ家族規範への移行によって生じた課題について探究する。また，各国社会がこの重要な変化をどのようにどこまで受け入れるかを左右する社会的要因や理念的遺産についても検討する。

第3章では，欧米諸国だけでなく，途上国に出現したか出現しつつある福祉レジームの多様性に視野を広げた学者たちの洞察についても論じる。こうした研究が大事なのは，エスピン - アンデルセンが発見した「3つの世界」——自由主義レジーム・保守主義レジーム・社会民主主義レジーム——以外の世界があることを示しているからという理由だけではない。条件付現金給付（CCTs）〔子女の就学や受診などを条件に給付を行なう制度〕や社会年金〔146頁参照〕に関する研究が示すように，途上国は政策イノベーションの重要な実験場となっている。さらに，そうしたイノベーションが大規模なインフォーマル部門の存在から生じた課題に取り組むものである場合，それは潜在的に先進国（グローバルノース）の関心事でもある。というのは，先進国もまた，不安定労働の蔓延によって同様の問題に直面しているからである。

民族的・人種的・言語的多様性に関する新しい研究潮流もある。そうした多様性は福祉国家の発展に影響を及ぼす——古典的事例として，米国では人種的分断が社会保障給付の限定性の一因になっている——だけでなく，本場西欧の福祉国家の未来にさえ影響を及ぼしているのだ。第7章ではこの課題を取り上げる。「国民」の捉え方の違いによって，人種的「他者」に社会権が認められるか否か，またどの程度まで認められるかが左右される，というフィオナ・ウィリアムズ（Williams 1995）の重要な洞察が出発点になる。それゆえ，米国の経験を他の「白人入植者」社会と比較する。米国のパターンに追随する国もあるが，カナダ，ニュージーランド，さらにスウェーデンなどでは，社会政策は非白人を支配的文化に同化する手段の一つとなった。同じ章では，ベルギー・カナダ・スペイン・英国などにおける地方ナショナリズムの復興によって生じた社会政策の課題も取り上げる。

　第7章では，最近の移民の波（主として途上国から先進国へと向かう，亡命希望者・難民・不法就労者などの混成）が既存の福祉国家，とりわけ西欧の福祉国家にもたらす課題も探究する。そうした「他者」の存在そのものが「福祉排外主義」〔社会保障の対象を自国民に限るべきだとする主張〕を綱領に掲げる極右政党の勃興を促してきた，と言う人もいる。各種の多文化主義を受け入れることで福祉国家の維持に必要な社会連帯が蝕まれてしまうのではないか，と問う人もいる。しかし同時に，移民は，技能の低い人も含めて，高齢化する先進国の労働需要を満たすために必要とされてもいる。例えば「グローバルなケアの連鎖」が形成され，かつて保育と介護を無償で担っていた主婦・母・娘に代わって，移民がケア労働を担うようになった（この点は第6章で論じる）。

国境に基づく社会権の考え方は，移民の増大，グローバルな貧困と不平等の再発見，気候変動の社会的影響などの挑戦を受けている。それがグローバル社会政策という新たな研究領域の創設を促し，比較社会政策研究は方法論的ナショナリズムを克服しつつある。この分野の先駆者の一人であるディーコンによれば，グローバル社会政策研究には2つの側面がある。第一は，国際機関やシンクタンク，多国籍の運動ネットワーク，国際 NGO などが表明し流布させる社会政策の処方箋に関する研究である。第二は，国境を越えて出現した社会問題に関する研究であり，グローバルな解決策とそれを実行するためのガバナンス構造の探求である（Deacon 2007）。これらの課題は第8章で取り上げる。

　本書全体を通して，アイディア〔理念〕の役割を強調したい。例えば第2章では，福祉国家の発展パターンの分岐の説明にあたって国民の価値観に焦点を当てる理論を扱う。今日の社会政策研究者も，政治行動や政策発展の説明にあたって，深く埋め込まれた文化的前提の分析に依拠するようになった。第4章ではアイディアが話題の中心になる。特定の問題定義を打ち出す際にアイディアが果たす役割を検討し，ある政策案を必要かつ正当だと受け取られるように組み立てるために，アイディアがどのように使われるかを論じる。政策パラダイムは，政策構想の設計や利害関心の構築においても重要な役割を演じている。複数の政策パラダイム間の違いを見分けることは，重要な政策転換を突き止めるのにも役立つ。第5章では，社会的排除，社会的投資，新しい社会的リスク，という今日の三大アイディアについて論じる。最初の2つは幅広い政策概念であり，政治的構築物としても機能している。その意味で，福祉国家の改革に不可欠な議題設定の過程を方向づ

けるのに役立つものである。新しい社会的リスクのほうはもっと学術的な概念であり，脱工業化によって生じた諸課題を強調するものである。それは，第1章で論じるような幅広い背景説明となるアイディアに近い。本書ではアイディアの役割を強調するが，アイディアは他の要素と相互作用するものだということを忘れてはならない。アイディアは社会的アクターによって考案され，制度的舞台設定のなかで機能する。その制度的舞台設定は，さらに幅広い構造的要因の影響を受けている。

　本書のような小著では，社会政策のすべての現代的課題を網羅できないのは言うまでもない。また，本書で触れる多くの主要課題を十分に掘り下げることも不可能である。本書が読者に差し出すのは社会政策が提起する多くの重要課題の探究への招待状であり，あわせて，社会政策研究において長らく周縁に押しやられていた重要な話題への注目を促したい。

第 1 章

資本主義，市民権，連帯

　近代的な社会保障制度の出現は，市場資本主義の到来とそこでの国家の役割をめぐる論争と密接に関連している（Esping-Andersen 1990）。市場資本主義は急速な経済発展をもたらしたが，不平等や社会の結束に関わる問題も生み出した。本章では，社会政策に関する初期の論争や研究の検討を通して，市場資本主義と社会保障の関係を探究する。連帯や社会的市民権といった古典的な社会政策の論点を検討することになるが，それらは近年の政策論争においても依然として重要である。過去の卓越した学者たちの仕事を振り返ることで，今日の社会政策研究の中心をなす多くの問題を解くためのヒントが得られる。

市場資本主義と自由放任

　市場資本主義と近代社会政策の出現の関係を理解するための最

7

良の方法の一つは，19世紀前半の英国の救貧法論争を振り返ることである。当時，英国は産業革命の震源地であり，自由貿易によって市場資本主義を拡張しようとする自由主義運動の震源地でもあった。カール・ポランニ（Polanyi 1944 [2001]）は1944年の著書『大転換』で英国の救貧法論争に関する長期的歴史分析を試みているが，それは19世紀から20世紀初頭における市場資本主義と近代社会政策の出現との関係を理解するのに役立つ。

英国の救貧法は，16世紀末以来，最も弱い人々に向けた公的支援と社会統制の手段として実施されてきた。しかし，ポランニ（Polanyi 1944 [2001]）によれば，近代社会政策の真の出発点はスピーナムランド法（1795年）をめぐる論争であり，その反響は当時の英国にとどまらず「自由市場」（ないしは自由放任）の重要性に関する自由主義的言説を方向づけた。スピーナムランド法は，「生存権」の名のもとに貧困者に最低所得を提供するよう国家に求めた点で，当時興隆しつつあった自由主義の教義に反していた。スピーナムランド法のもとでは，院外救済が広く行なわれた。院外救済とは，救貧院の外で支給された国家援助であり，実質賃金を最低所得水準以上に引き上げるための補助金を失業者にも労働者にも給付するものだった。しかしそんな制度があると，近代市場資本主義の創設に不可欠な「自由な労働」の発達が妨げられてしまう。スピーナムランド法は長く激しい論争を巻き起こし，院外救済と生存権を廃止する劇的な新救貧法の可決（1834年）につながった。

この急進自由主義改革はすぐに有害な社会的帰結をもたらした。ポランニによれば，「院外救済が廃止されるとすぐ，最も苦しい貧困者の多くが破滅に追いやられた。なかでもひどい目に遭った

のは「救済に値する貧困者」（deserving poor）とされていた人たちで，誇り高い彼らは恥辱の館と化した救貧院に入るに忍びなかったのだ」（Polanyi 1944 [2001]: 86）。1834年の改革は同時に，近代市場資本主義の勃興を促すべく経済を変容させたが，それは競争的労働市場と「賃金社会」の出現に基づく経済であり，そのせいで大半の人々は，生き延びるために自らの労働力を売らなければならなくなった（Marx and Engels 1848 [1888]; Polanyi 1944 [2001]; Castel 2003）。ポランニによれば，「英国に競争的労働市場が成立したのは1834年であり，それ以前には社会システムとしての産業資本主義は存在しなかったと言ってよい」（Polanyi 1944 [2001]: 87）。英国内外で，この新しい経済秩序の出現によって新たな形態の社会保護や労働保護が必要になった。そうした保護は，19世紀中葉の自由主義の核心をなしていた自由貿易の推進によって激化した政治闘争の結果として，徐々に形成されていくことになる。

ポランニによれば，自由労働市場の創設は19世紀自由主義の3つの教義のうちの一つに過ぎない。他の2つは，「国際自由貿易」と，通貨の価値を一定量の金と結びつける「自動的金本位制」である。これらは三位一体で，19世紀中葉の欧州を席巻したユートピア的な「自由放任の教義」を形成している（Polanyi 1944 [2001]: 144）。自由放任は自然発生的な市場取引というアイディアに基づいているが，「自由放任に自然なところは一つもない。自由市場は，事物をあるがままに放任しただけでは決して実現しないのだ」（Polanyi 1944 [2001]: 144）。事実，自由放任の勝利は国家の行為と政策判断によってもたらされたのであり，それによって共同体や家族といった既存の社会制度のうえに経済的自由主義

が押しつけられた結果，共同体や家族はひどく傷めつけられた。経済的不安定が増大し，とりわけ勃興する近代労働者階級に弊害をもたらすなかで，純粋な自由放任は次第に支持を失い，国家が貧困者の援助や労働者とその家族の生活条件改善のための措置を講じ始めたのである。

皮肉なことに，自由放任の押しつけが国家計画の産物だったのに対して，無制限の市場資本主義の有害な社会的帰結に対する最初の反応は，人々や社会制度を市場から保護しようとする自然発生的で実際的な一連の政策の試行という形で現われた。ポランニによれば，「自由放任経済が国家の意図的行為の産物だったのに対して，自由放任を制限するその後の動きは自然発生的に始まった。自由放任は計画されたものだったが，計画化はそうではなかったのだ」(Polanyi 1944 [2001]: 147)。したがって，最初の近代的な社会保障は，少なくとも部分的には，自由放任主義の押しつけから生じた社会問題に対処するための応急措置として出現した。というのは，国家は自由放任主義が社会組織に与えた損傷を修復しないわけにはいかなかったからである。市場資本主義の急進的形態が19世紀末から20世紀初頭にかけて次第に衰えたのは，自由放任主義に敵対するイデオロギー的陰謀の結果などでは決してなく，市場資本主義が作り出した社会問題に対する実際的な反応の結果だったのである (Polanyi 1944 [2001])。

労働組合から労働規制や近代的な社会政策まで，この時期に出現した新機軸はやがて「福祉国家」を形成することになった。ただし福祉国家という言葉自体は，ちょうどポランニが『大転換』を執筆していた1940年代半ばになって普及したものである (Béland and Petersen 2014)。西欧諸国ではどこでも，新たに出現

した福祉国家をめぐる合意が強固なものであることが判明し，第二次世界大戦後，福祉国家は西欧，北米，およびオーストラリアとニュージーランドにおける現代国家の主要な特徴となった。人格的自由と自由放任の名において福祉国家を非難したオーストリアの経済学者フリードリヒ・ハイエク（Hayek 1944 [2007]）のような学者は，当時は政治的に主流ではなかった[1]。もっとも30年も経たないうちに，ハイエクのアイディアは，現代福祉国家に対してイデオロギー的かつ政治的な戦いを公然と仕掛けた新世代の保守政治家たちを感化することになるのだが。

連　　帯

　市場資本主義に起因する社会問題への初期の政策対応はポランニ（Polanyi 1944 [2001]）の指摘のように自然発生的なものだったと言えるかもしれないが，多くの学者や知識人が，産業化と市場資本主義が市民や労働者に及ぼす悪影響を緩和する方法に関する批判的省察に貢献した。そうした思想家たちは，「プロレタリア革命」（1917年十月革命後にロシアで勝利したやり方）を求める社会主義者の主張を退け，次第に現代福祉国家へと結実する改革路線を描き出した。フランスの社会学者エミール・デュルケームとその弟子たちの著作は，そうした改革動向の顕著な一例である。彼らは，純粋に個人主義的な市場自由主義を近代的連帯によって乗り越え，産業時代にふさわしい新たな形の社会的・政治的統合を作り出そうと考えたのだ。

　デュルケームは『社会分業論』（1893年）の冒頭で，人々の経済的・社会的な相互依存のあり方の違いによって伝統社会と近代

社会を対比している（Durkheim 1893 [1997]）。まず，伝統社会は限定的な分業を特徴としており，人々は互いの同質性と，同じ絆で固く結ばれた共同体に住んでいるという近接性に基づいて連帯感を形成していた。そこでは，個人は周囲の人々と自然に同一化する。この型の社会統合は機械的連帯と呼ばれる。一方，近代社会でははるかに複雑な分業が生じる。そこでは，人々は相互に補完しあう多様な任務を遂行している。『国富論』（1776 年）を書いたアダム・スミスやその自由主義的信奉者たちとは違って，デュルケームは経済効率とそれがもたらす繁栄に主な関心を寄せていたのではない。それよりも，近代社会にふさわしい社会統合のモデルを発見することに関心があったのだ。

　デュルケームによれば，分業はたんなる経済制度ではなく，社会統合を生み出すように育成すべき特定の連帯モデルと結びついた社会形態でもある（Durkheim 1893 [1997]）。伝統社会で優勢だった機械的連帯とは対照的に，近代資本主義社会における社会統合は，彼が有機的連帯と呼ぶ新しい相互依存の意識から生じる。デュルケームは，新興資本主義社会に付きものの，彼の言うアノミー的で規制されない労使関係に対して非常に批判的だった。それは有機的連帯の要請に反するからである。デュルケームは近代資本主義社会において社会秩序を保つ方法を探るなかで，中世の同業組合を手本にした労働組織を設立して有機的連帯の創出を促すべきだと主張した。デュルケームは，多くの意味で保守的な思想家だったにもかかわらず，このようにさらなる社会連帯と労働規制，そして今日の言葉で言えば社会保護を要求した。彼は，今日では福祉国家の概念と結びついているような，国家が提供する社会保障の創設を主張する寸前まで行ったのである。

当時の連帯概念の最も重要な趣旨は相互依存であり，人々は互いに依存しあっているという認識である。この「私たちはみんな仲間だ」というアイディアは，近代の社会政策論争を理解するうえで不可欠である（Béland 2010a）。

　デュルケームの母国フランスにおいて，このアイディアや近代的な社会政策の出現をもたらした知的運動は「連帯主義」である（Hayward 1959）。この運動は，その名が示すように，産業主義時代の社会悪に取り組む手段として社会連帯を広げようとするものだった。デュルケームを援用しつつ，連帯と統合を拡大する立場から改革を正当化した。例えば，元政治家で知識人だったレオン・ブルジョワは，著書『連帯』（Bourgeois 1896 [1998]）において，自然界と社会のいずれにも見られる連帯現象を「互酬的依存」と定義し，連帯概念に基づく穏健な改革課題を擁護した。生物学を含む多様な典拠から引用しつつ，ブルジョワは市場自由主義と社会ダーウィニズム〔適者生存の進化論を社会現象に適用する立場〕を退け，競争ではなく協力こそが社会の主動力だと主張した。彼は過度の個人主義と保守的序列制度をともに批判し，社会とは，人間として生き延びるためにお互いと社会全体を必要とする自律的な人々の有機的相互依存関係のことだと主張した。彼によれば，それゆえすべての人々は社会に対して「聖なる負債」〔恩義〕を負っており，そこから社会連帯の義務が生じてくる。そのような義務には，人間的相互依存と共同の社会的義務の名において，税金を払ったり他者を助けたりすることが含まれる（Bourgeois 1896 [1998]）。

　ブルジョワや彼の支持者が提唱した社会改革としては，無料の学校教育，貧困者のための社会扶助，労働者のボランタリー〔自

発的〕な自助組織や相互扶助の奨励などがあった。後にボランタリズム〔自発的協力，任意加入主義〕の効果の限界が明らかになると，連帯はフランスの社会保険の発展を正当化するアイディアとされるようになった（Béland and Hansen 2000）。社会保険は給与からの保険料の天引きに基づいている点で，自発的結社や自己防衛よりもずっと国家主義的な制度だが，賃金労働者とその家族が直面している不確実性を軽減するうえで一層効果的な手段であることが判明した（Ewald 1986）。

　他の多くの国と同じくフランスでも，社会保険への転換は，オットー・フォン・ビスマルクと結びついたドイツモデルからヒントを得たものだった。ビスマルクは，19世紀末に最初の社会保険制度を創設した人物である。彼がブルーカラー労働者のために社会保険制度を作ったのは，労働者階級の社会主義支持を弱め，ドイツ国家への帰属意識を強化するという政治的計算から出たものだった（Hennock 2007）。とはいえ，社会保険は，客観的連帯，リスク共有，労使折半などの形式を体系化したものであり，今日でも社会政策研究の中心であり続けている（Paugam 2011）。

　しかし，ピーター・ボールドウィンが示唆しているように，社会保険制度が非常に細分化され，特定の社会経済集団を他の集団より優先的に保護している国もある。そこでは，連帯の職業的・階級的境界が潜在的な排他性を帯びる可能性がある（Baldwin 1990）。デンマークやスウェーデンでは一律の社会保護が次第に国民全体に拡大適用されるようになったのに対して，ベルギーやフランスでは，細分化された不平等な形式の社会保険が維持され，連帯の職業的境界を維持強化してきた（Baldwin 1990）。言い換えれば，連帯の形式としての社会保険の発展はつねに平等主義的形

態を取るとは限らず，社会政策の細分化が主要な問題であり続ける国々もある。

企業福祉と財政福祉

英国の初期の社会政策学者リチャード・ティトマスによれば，企業福祉と財政福祉は現代社会政策の重要な側面である（Titmuss 1958［1963］）。この2つの論点を検討することは，上述した福祉の細分化の問題も含めて，社会政策に関する理解を深めるうえで欠かせない。

第一に，ティトマスは『福祉国家論集』において，現代の労使関係において多くの雇用主が提供している福利厚生の重要性を強調した。実際，福利厚生の手当やサービスは非常に幅広いもので，「年金，死亡給付，保健・福祉サービス，旅費手当，交際・被服・備品費，食券，車や定期券，社宅，休暇手当，子女の学費補助，疾病給付，医療費，教育訓練補助，食費補助，失業手当」，その他さまざまな給付を含みうる（Titmuss 1958［1963］:50）。こうした福利厚生が戦後拡充されて多くの労働者とその家族の福祉を増進したのは確かだが，ティトマスは，いくつもの理由から福利厚生は問題含みだと指摘した。

ティトマスは，前述のような福祉の細分化の問題にはっきりと触れながら，福利厚生は「米国・フランス・西ドイツですでに生じているように，忠誠心を分裂させ，特権を助長し，社会的道義心を弱める」傾向があると指摘した（Titmuss 1958［1963］:52）。彼は続けて，「（福利厚生が）引き起こす根本的な公正問題の一つは，福利厚生が仕事上の業績や報酬に比例して提供されるべきか

否か，またどのくらい比例すべきか」だと述べている（Titmuss 1958［1963］: 52）。結果として，福利厚生は労働者間の不平等を助長する。というのは，他の雇用主よりも気前よく行き届いた給付を提供する雇用主がいるからである。今日の学者たちも，民間給付や福利厚生は公正や不平等に関わる大きな問題を引き起こすという主張を引き継いでいる（Hacker 2002）。

　こうした問題は，不平等に分配される福利厚生がしばしば政府の税控除によって補助されることでさらに根深くなる（Titmuss 1958［1963］）。福利厚生や他の民間給付の発展を促すための税控除にかかる費用は膨大になりかねず，これも民間給付が問題含みである理由だ。租税措置が社会政策の形態と構造を左右することに対するティトマスの懸念には，さらに広い意味がある。なぜなら，そうした手段は，現に米国などでそうなっているように，雇用主の提供する福利厚生や，民間保険会社や金融機関から直接購入する民間給付を通して，不平等な社会保障を提供する制度の発展を助長しかねないからである（Howard 1997）。

　第二に，ティトマスは「財政福祉」〔税制を通した福祉〕の分析において，租税と社会政策には構造的な関係があることを強調した（Titmuss 1958［1963］）。税額控除や免税措置などの財政福祉は，表立って社会支出の一形態とは認識されていない場合でも，密かに社会政策システムの一部になっている。しかしながら，例えば子育て世帯や介護世帯などに対する減税にかかる費用は，次第に膨大なものになる。ティトマスは，これを現代的な所得税制の漸進的拡大と結びつけている。「財政福祉」の大半は所得税制を通して配分される（Titmuss 1958［1963］）。

　ティトマスは，英国における「財政福祉」の歴史的発展を概観

するなかで，租税国家の拡大がいかにして現代的な「財政福祉」の誕生をもたらしたかを説明している。彼によれば，

> 1907 年に累進課税が導入されて以来，財政制度を通した社会政策には顕著な発展が見られた。それは主に，被扶養者として認められる続柄の増加と扶養控除の実質的増額による家族支援の拡大という形をとった。(Titmuss 1958 [1963]: 45)

その実例として，ティトマスは所得税の児童扶養控除の導入（1909 年）とその後の拡大を挙げている（Titmuss 1958 [1963]: 46）。もっと一般的に言えば，英国における「財政福祉」の出現は，租税制度が次第に国家による社会管理の手段になったという意味で，租税の意味づけの大きな転換を象徴しているという。こうした展開は，税制のなかに次第に社会政策の目的が埋め込まれるようになったことを示唆しており，一般的に言って，「租税が聖なる私有財産権に対する見当違いの侵害と見なされることはほぼなくなった」(Titmuss 1958 [1963]: 46)。

大まかに言って，ティトマスの分析は，社会政策研究者が税制と現代福祉国家における財政政策の中心的な役割に注目すべきことを示している。税財政は，政府と社会保障制度の財源であるとともに，雇用主や家族に社会的目的によって割り当てられる減税措置の源泉でもあるからである。言い換えれば，福祉と「財政社会学」(Martin et al. 2009) は密接に結びついており，さらに広く言えば，租税は福祉国家を含む現代国家の土台である（Tilly 1985）。租税の問題は，南欧や途上国の社会政策を理解するうえでとりわけ重大である。そこでは，脱税と政府の財政能力の乏し

さが特に中心的課題になっている。もっとも，2016年4月初めに漏洩した「パナマ文書」によって，北米や西欧の富裕層も本国における課税を免れるために海外の租税回避地を利用していることが明らかになったのだが。

社会的市民権

　近代資本主義社会は分裂した階級社会である。階級不平等は19世紀に欧州全体で大問題になったが，それはカール・マルクスとフリードリヒ・エンゲルス（Marx and Engels 1848［1888］）のような社会思想家の著作や，『レ・ミゼラブル』で階級不平等の有害な帰結を描いたヴィクトル・ユーゴーのような作家の小説に表われている。したがって，最初の近代的な社会保障制度が明白に階級と結びついていたことは驚くにあたらない。貧困者を対象とするいかにも懲罰的な公的扶助制度は明らかにそうで，先に述べた救貧法改革の直後は特に著しかった。社会保険は，公的扶助に続いて登場した近代的な社会保障制度の第二の主要類型だが，ドイツでは明白に階級と結びついており，最初は工業労働者階級だけに適用され，後にようやく農民など他の経済的集団に拡張された（Hennock 2007）。こうして見ると，公的扶助も社会保険も，階級の境界線に挑戦するというより，むしろそれを反映している。一方，デンマークやスウェーデンなどでは，階級横断的な政治連合に根ざしたもっと包摂的な社会保障制度が登場し，後の普遍主義的福祉国家の土台となった。後者は，すべての市民を同一の基礎的社会政策システムのもとに包括することで，社会階級の違いを乗り越えた社会連帯の形を築こうとするものだった（Baldwin

1990)。1945年以降の英国や北欧で勝利した普遍主義の高まりは，英国の社会学者T. H. マーシャルの著作に描かれた市民権のアイディアと密接に結びついている。

マーシャルは論文「市民権と社会階級」(Marshall 1964)で長期にわたる歴史的変化を省察した。彼によれば，1940年代末にクレメント・アトリーの労働党政権（1945〜1951年）のもとで国民保健サービス（NHS）などの普遍主義的社会保障制度が創設され，歴史はその頂点に達した。NHSは，必要（公的扶助）や過去の保険料拠出（社会保険）ではなく，市民権に基づいて医療へのアクセスを提供する点で，社会保障制度の第三の類型である普遍主義的類型に属する。普遍主義的制度は今日なお，公的扶助や社会保険とならんで社会政策の主要類型の一つである (Béland 2010a)。

戦後英国における普遍主義的福祉の出現は，部分的には戦時動員とそれが生んだ国民の連帯意識に由来していた (Titmuss 1958 [1963])。国民連帯と市民権共有の意識は，戦後における社会政策の包括的改革を主張したウィリアム・ベヴァリッジによる重要な報告書にも反映されていた (Beveridge 1942)。ベヴァリッジ報告は広く読まれ，1945年以降の社会政策の適用範囲拡大を正当化するのに大いに貢献した。その影響は，英国だけでなく欧州やその他の国々，とりわけカナダなど英連邦諸国に及んだ (Rice and Prince 2013: 63)。

マーシャルは戦争直後の楽観主義に彩られた彼の古典的論文のなかで，社会的不平等と，政治共同体の「正式なメンバーシップ」から生じる「基本的な人間の平等」の要請との間の緊張関係に対処するために，近代的市民権が直線的に拡大してきたと述べ

ている。マーシャルによれば，最も根本的な重要課題は，資本主義的な階級不平等の存在と，すべての個人を政治共同体の正式なメンバーとして承認する必要との間の矛盾だった（Marshall 1964）。他の論者たちと同様，マーシャルの分析も近代的市民権を，近代国民国家による諸権利の承認と区別，それによる社会保護と再分配の拡大として描き出している（Marshall 1964)[2]。

　マーシャルによれば，近代的市民権は公民権・参政権・社会権という3種類の権利に分けることができ，3種類の権利はこの順序で出現したという。公民権は近代的市民権の出発点であるだけでなく，資本主義の発展の基礎でもある。実際，彼が公民権と呼ぶものは，「個人の自由に必要な諸権利——人身の自由，言論・思想・信教の自由，財産権，有効な契約を結ぶ権利，および裁判を受ける権利——からなる」（Marshall 1964: 71）。経済的自由というアイディアは18世紀に生まれ，特に職人規制法（1563年）の廃止（1814年）によって，19世紀の初めまでには慣用的なものとして受け入れられた（Marshall 1964: 76）。自由主義改革運動の中心にあった公民権の普遍化は，「市場社会」の確立をもたらす（Polanyi 1944［2001］）。私有財産権などの個人の権利の保護は，国家に警察や防衛など少数の基本的任務の遂行しか求めない，新しい経済規制システムの出現を促す。マーシャル（Marshall 1964）によれば，近代の社会階級はこの資本主義システムの産物であり，このシステム自体は個人の自由と財産権の保護なしには存在しえなかったものである。

　第二の権利である参政権の歴史は「時代も特徴も異なる」（Marshall 1964: 77）。参政権は，公民権に含まれる権利の大半が承認ないし保護された後に登場したが，新しい権利の創設ではなく，

選挙権の段階的な承認を通した，「新たな国民各層に対する古い権利の付与」（Marshall 1964: 77）だった。女性が選挙権を獲得した段階で，参政権の根拠は「経済的資産から人格的地位へと」移行した（Marshall 1964: 78）。参政権が平等な市民権の不可欠な一部となったので，私有財産や階級的地位はもはや政治参加の形式的基準ではなくなった。公民権が近代的市民権の自由主義的要素を構成したのに対して，参政権の拡大は民主主義体制を生み出し徐々に政治参加を広げた。

　マーシャルによれば，社会権の承認は，資本主義的な階級不平等と，完全な参政権に由来する平等の要請との間の緊張への対応だった。国家は，給付と社会サービスを発展させて個人を失業などの経済的リスクから保護すると同時に，資本主義社会における不平等の範囲を縮小する。彼によれば，

> 文明生活の具体的内容が全般的に豊かになり，リスクや不安が全般的に軽減され，あらゆる点における恵まれた人と恵まれない人——健康な人と病気の人，被用者と失業者，高齢世代と現役世代，独身者と大家族の父親——の平等化が進む。平等化と言っても，階級間の平等化よりも，この目的のためにあたかも一つの階級のように見なされた集団のなかの個人間の平等化である。地位の平等は所得の平等よりも重要なのだ。（Marshall 1964: 102）

　マーシャルの議論を要約すると，社会権は，自由主義的な保護の論理の，拡張と変容の両方を含んでいる。それは，資本主義システムによって生み出された不安と不平等を軽減することをめざ

している。

　近代的市民権に関するマーシャルの分析の最も明白な問題点は，「権利はどこから来るのか」（Tilly 1998）を説明しうる政治闘争や交渉過程について十分に強調していないことだろう。「市民権と社会階級」では，例えばジェンダー不平等への言及はほとんどなく，「男性労働者が市民の理念型とされている」（Orloff 1993a: 308）。マーシャルによる市民権の系譜学のもう一つの問題点は，英国中心であることはさておき，あまりにも直線的で比較の深みを欠いていることである（Bulmer and Reeds 1996）。

結　　論

　本章で検討した初期の社会政策研究は，今日の社会政策論争でも中心となっている，市場自由主義，連帯，社会的市民権，財政福祉といった主要な論点を広く見渡すのに役立つ。しかし私たちから見ると，これらの研究が取り上げなかった論点（その多くについては本書で後述する）は，初期の社会政策研究の盲点を示してもいる。第一に，初期の研究は，ジェンダーについてほとんど何も述べていない。第二に，初期の研究は，移民やエスニシティ，「人種」といった論点もほとんど扱わなかった。第三に，初期の研究は，福祉の空間的・領域的組織は国家スケールに集権化されているものだと思い込んでおり，多くの国で以前から重要だったにもかかわらず地方分権や連邦制といった論点を見過ごしていた。最後に，ティトマスの著作（Titmuss 1958 [1963]）を部分的例外として，初期の研究は，社会保障給付をめぐる各国間の相違を説明するための，厳密で体系的で歴史に基づいた比較分析に少しし

か取り組まなかった。このような不備は，次章で概観する福祉国家の発展に関する新しい研究では明確に修正されている。

註―――――――――――――

1)　米国では状況が異なっていた。そこでは，ニューディールや第二次世界大戦によって引き起こされた国家介入主義は依然として強力だったものの，1945 年以降，「福祉国家」という言葉は非難を浴びるようになった（Béland and Petersen 2014）。

2)　以下の段落は Béland（2005a）からの引用である。

第2章

社会政策の発展を説明する

理論的視角

　この数十年の間に，現代福祉国家の出現をもたらした経済的・社会的・政治的条件について多くの研究がなされてきた。その目的は，たんに近代的な社会保障制度の出現を説明するだけでなく，各国で提供される社会保障給付の水準と特徴に違いがある理由を説明することである。本章ではこれらの理論を，各国間の福祉給付の大きな違いを説明する能力に照らして評価する。古典的な問いとして，なぜ米国では大半の西欧諸国と比べて公的社会保障の発展がはるかに遅れているのか，また，スウェーデンなど北欧諸国はいかにして普遍主義原理に基づく包括的な社会保護制度を築いてきたのか，というものがある。このような問いを念頭に置いて初めて，福祉国家の発展に関する主要な理論——産業化論，国民の価値観，権力資源，経営者の権力，歴史的制度論——それぞれの貢献を十分に評価することができる（Myles and Quadagno 2002; Skocpol 1992; Béland 2010a)。

産 業 化 論

　福祉国家の発展に関する研究の重要な焦点の一つは，産業化と
それに関連する社会的・経済的要因が近代的な社会保障制度の出
現に及ぼした影響である。クラーク・カー（Kerr et al. 1960）など
の学者によって初めて定式化されたこの考え方は，「産業化は，
親族集団と農業社会の世襲的伝統に基づく社会的援助のシステム
を侵食することで，公的支出に対する新たな要求を生み出す」
（Myles and Quadagno 2002: 36）という想定に基づいている。言い
換えれば，デュルケームが指摘したように（第1章），近代の経済
発展は伝統的な家族や共同体を弱め，新たな国家介入の必要を生
み出すのだ。この研究方法は，自由放任の悪影響にはポランニ
（Polanyi 1944 [2001]）ほど注目せず，産業化の人口学的・社会的
帰結として国家介入がますます必要となることに注目する
（Wilensky and Lebeaux 1958; Rimlinger 1971; Wilensky 1975）。産業化
論は，経済的変化を社会的・政治的変化の主因として捉える点で，
福祉国家の発展に対する構造的アプローチ（Parsons 2007）だと
考えられる。

　ハロルド・ウィレンスキーは，この流派で最も有力な学者の一
人である（Wilensky 1975）。福祉国家の発展に関する他のさまざ
まな理論に拠りつつ，ウィレンスキーはこのテーマに計量的方法
を応用した（Myles and Quadagno 2002: 36）。ウィレンスキーは，
その画期的な著書『福祉国家と平等』の知見を以下のように要約
している。

私は64か国の比較分析から以下の結論にたどりついた。すなわち，福祉国家がどこでも登場してくる根本原因は，経済成長とその官僚制的および人口学的な帰結である。ここで福祉国家の登場とは，類似した社会保障制度の創設，そうした制度に振り向けられるGNP（国民総生産）の割合の増加，適用範囲の拡大をめざす傾向，類似した財源調達方法を採用する傾向，を意味している。(Wilensky 1975: viii)

　ただし，国ごとに社会保障給付が異なっている理由を説明しようとした際には，ウィレンスキーは構造的要因のみを重視する視角から脱却している。ウィレンスキーによれば，先進諸国の提供する社会保障給付の範囲に違いがあるのは，各国の「政治的・社会的・経済的な仕組みの違い」(Wilensky 1975: xiv) のせいである。具体的には，「政府の集権度，階層秩序の形態および階層移動率，労働組合のあり方，軍の位置づけ」(Wilensky 1975: xiv) などの違いによる。

　最後の引用は2つの理由から重要である。第一に，産業化などの経済的要因だけでは国ごとの違いを説明できないことを示唆しているからである。言い換えれば，産業化論は福祉国家の発展を説明する理論として不十分なのだ。構造変化は福祉国家の発展にとって重要だが，経済や産業の発展水準が同程度の国でも非常に異なる社会政策システムに行き着くことがある。同じような経済発展水準の米国と欧州諸国の社会政策システムに際立った違いがあることを考えてみるとよい (Skocpol 1992)。第二に，学者たちは，各種の理論的視角からさまざまな要素を採ってきて組み合わせなければ，国ごとの社会保障給付の違いを説明できないことが

多い（Myles and Quadagno 2002）。これは社会科学の分析を進める
うえではよくあることで，一つの方法だけでは特定の結果を説明
できないことが多いのである（Parsons 2007）。

　福祉国家の発展に関する他の視角を検討する際にも，この2つ
の指摘を念頭に置くべきである。理論の分類はさまざまな説明要
因を識別するのに役立つが，福祉国家の発展に関する特定の経験
的問題を解くためには，しばしば異なる理論的方法を併用するこ
とが必要になる。言い換えれば，理論の分類は，さまざまな説明
の型を明確に区別するのに役立つだけである。主に用いる分析視
角が違うからと言って，学者たちの間に人為的分断を作り出すべ
きではない。

┃ 国民の価値観

　次の研究方法は，ダニエル・レヴィーン（Levine 1988）やシー
モア・マーティン・リプセット（Lipset 1990）といった学者の仕
事と関連している。これは，各国間の文化的価値観（社会的・経
済的世界に関して当然とされる前提）の差異が先進工業国における
福祉国家の発展の違いを説明する，という想定に基づくものであ
る。この研究方法は，広く共有された大まかな文化的信念が有権
者や政策決定者の意見を方向づけ，特定の政策オプションを選択
するように導くと示唆している（Levine 1988）。方法論的に見る
と，各国の社会政策システムの範囲や構造は，典型的には世論調
査によって測定される文化的価値観の違いを反映していることに
なる。

　この研究方法の古典的事例は，リプセットの『大陸分割線』

（Lipset 1990）である。リプセットの主張によれば，米国の社会保障がカナダより充実していないのは歴史的に形成された国民の価値観の違いのせいであり，それは世論調査やアンケートから容易に見て取れるという。欧州諸国と比べると両国には共通点が多いが，米国ではカナダより個人主義的価値観が浸透しているため，福祉国家の発展への推進力が弱かった。彼によれば，「英国や多くの欧州諸国と比べると，カナダと米国は同じ価値観を共有しているが，カナダではその価値観が自信なさげに信じられている。カナダのほうが欧州の出自と密接な関係にあり，そのことが古い信念の要素を永続させるのに役立っている」（Lipset 1990:4）。リプセットによれば，米国に比べてカナダでは，英国から受け継いだトーリーイズム〔伝統的保守主義〕の国家主義的伝統に関連する信念と，「国家志向で，それほど個人主義的でない，道徳的な教会の伝統」の存在が，包括的で普遍主義的な社会保障の発展につながっているという（Lipset 1990:4）。この研究方法の問題点は，産業化論と同じく一般性が高すぎることである。こうした一般性の高い理論では，同一国内でも政策領域によって福祉国家の発展に大きな違いの見られる場合があることを説明できない（Skocpol 1992; Béland 2010a）。カナダと米国の社会政策をさらに厳密に比較すると，社会政策の領域ごとに違いがあり，両国の異同は領域ごとに異なることが明らかになる。例えば，カナダと米国の年金制度はいずれも大幅に民間給付に依存しているが，両国の医療部門では事情が異なる（Béland and Gran 2008）。カナダの普遍主義的な医療と，2010年にオバマケア法が成立した後も残る米国の現役世代に対する不完全な民間保障との対比は，依然として際立っている。

このように複雑な国ごとのパターンや国家間の違いを，国民の価値観という大まかな要因で説明するのは誤解のもとになりうる。政策領域ごとの政策設計の推進勢力に注目した，さらに詳細な制度的・政治的分析が必要である（Skocpol 1992; Myles 1998）。第4章で説明するアイディア重視の視角は，こうした批判を考慮に入れて，文化と社会政策の研究を前進させようとするものである。

権 力 資 源

権力資源論は，福祉国家の発展に関する上記のような機能主義的説明に代わるものとして登場した。この流派には多くの学者が貢献しているが[1]，最も関係深いのは，コルピ（Korpi 1978, 1980, 1983）と，後にはエスピン－アンデルセン（Esping-Andersen 1985a）の先駆的研究である。

コルピは，一面ではマルクス主義思想の復興に刺激されながらも[2]，マルクス主義的な権力の捉え方には批判的だった。彼は，社会の主要な権力資源は「基底的」諸階級が握っているとするマルクス主義者の意見に同意していた。つまり，ブルジョアジーは生産手段を支配することで権力を得ており，労働者階級は，労働者を階級として組織化しうる組織（主に労働組合と左派政党）の発展によって権力を得ている。したがって労働者階級の強さは，労働組合に加入する労働者の割合と，左派政党を支持する有権者の割合で測ることができるというのだ。しかしマルクス主義者と異なり，コルピは，労働者がその権力資源を用いて，不平等を大幅に縮小するような形に公共政策を方向づける可能性があると信じていた。

労働者階級が強力に動員され，政府に対する比較的安定した支配を達成した国では，資本制民主主義における主要階級間の権力資源の格差が決定的に縮小した。それにともなって，いまだ弱い労働者階級の相対的地位が向上し，この階級のために新しい行動の選択肢が広がる。労働者階級が公共政策を用いて社会の分配過程に介入できるようになったのだ。(Korpi 1980: 309)

　上記の引用が示唆するように，福祉国家は，この闘争において特に重要な賭け金となっている。

　コルピ（Korpi 1980）によれば，たんに国家が社会政策に「いくら」費やすようになるか，あるいは，最低賃金の設定や労働組合に有利な法律の制定によって国家が労働市場にどれだけ介入するかが問題なのではない。とりわけ重要なのは，社会支出がどのような形態を取るかである。ここでコルピ（Korpi 1980）は，後のエスピン - アンデルセン（Esping-Andersen 1985a, 1985b, 1990）と同じく，第1章に登場したティトマスによる，残余的福祉モデル〔個人の必要を満たすのは市場と家族であり，それらが故障したときだけ福祉が発動する〕，産業的業績達成モデル〔福祉は経済に奉仕するもので，個人の功労や業績に基づいて必要を満たす〕，制度的再分配モデル〔福祉は社会の主要な制度であり，普遍主義的サービスを市場の外で提供する〕の区別（Titmuss 1974）から影響を受けている。コルピ（Korpi 1980）やエスピン - アンデルセン（Esping-Andersen 1985a, 1985b, 1990）によれば，制度的再分配モデルが，労働者の権力資源を増大させる可能性が最も高い。残余的福祉モデルの政策

が豊かな労働者を含めた主流層から貧困層を切り離すのと対照的に，制度的再分配モデルは，すべての労働者と中産階級を結束させる連合のための有望な基礎を確立しようとする。

　エスピン‐アンデルセンの業績（Esping-Andersen 1985a, 1985b, 1990）は，コルピ（Korpi 1980）が築いた土台のうえに樹立された。彼は，労働組合と左派政党が重要な権力資源になることを認めたが，「労働者階級の権力資源の有効性は，（1）非社会主義政党がもともとどれほど分裂しているか，（2）労働者階級政党が他の社会階級と連合を形成するための条件がどれほど開かれているかによって決まる」（Esping-Andersen 1985b: 223）と主張した。第一の点は簡単なことだ。実力のある組合運動によって強力に支持された左派政党が対立政党の分裂に直面する場合，政権を獲得して公約実行に着手することは容易だろう。左派政党が長く政権を維持し，その社会政策をしっかり根づかせる可能性も高くなる。

　しかし，エスピン‐アンデルセンの第二の指摘は，コルピ（Korpi 1980）の枠組に対する重要な追加点である。エスピン‐アンデルセンは，「伝統的な労働者階級の票だけでは多数派を形成しにくく，安定することもない」（Esping-Andersen 1985b: 224）と気づいた。本格的資本主義への移行期においては，労働者が味方を探すとすれば農村部門であり，とりわけその農村部門が，地主支配の小作農に依存する大農経営ではなく，主に「家族農場」のうえに成り立っている国ではそうである。基礎的普遍主義の政策を求める社会民主主義の主張は，労働者が農民と連合を形成するための基盤となるものである。しかしながら，いったん資本主義への移行が成功し農村人口の割合が減少すると，新中産階級のサラリーマンが，労働者階級にとって最も重要な味方になりうる。

ところが中産階級は，均一給付の普遍主義的社会保障より以上の
ものを求める。なぜなら，均一の給付では，失業・病気・退職の
際に彼らの生活様式を維持するには不十分だからである。そこで，
中産階級の離脱を防ぎ，質の高い公共サービスを確保するために，
公的社会保険制度に所得代替原理を導入することが重要になる。

　権力資源（の可変性）に着目したことで，エスピン - アンデル
セン（Esping-Andersen 1990）は後に福祉国家の分類法を案出する
ことになった。しかしそれを論じる前に，他の2つの理論的方法
について検討する必要がある。一つは，労働者階級の権力を強調
するコルピとエスピン - アンデルセンに対抗して，経営者の果た
す役割に注目するものである。もう一つの歴史的制度論は，エス
ピン - アンデルセンの研究を容易に包含しうる，もっと幅広い理
論枠組である。

経営者の権力

　多くの社会政策学者が労働者階級の権力の多様性に注目する権
力資源論に追随してきたのに対して，社会保障に対する経営者の
影響力を強調する学者もいる。おそらく，米国の（民間）社会給
付においては雇用主が直接的な役割を果たしているため，こうし
た研究方法はとりわけ米国において有力であり，学者たちは自国
の社会政策の発展における固有の軌跡を説明しようと試みてきた。

　米国の福祉国家の発展に関する有力な理論の一つに，法人リベ
ラリズムモデル〔産業合理化を企てる大資本家がリベラルな社会立法
を主導したとする見方〕がある。コリン・ゴードン（Gordon 1991），
ジル・クワダグノ（Quadagno 1984），ウィリアム・ドムホフ

（Domhoff 1996）など，この研究方法の主唱者たちは，米国では労働者の権力が特に弱いという前提から出発し，進歩的実業家が主要な社会政策立法の策定に直接の影響を与えたことを強調している。例えばドムホフ（Domhoff 1996）によれば，資本家階級の特定の改革者派閥の利害関心が，米国で初めて連邦レベルの社会保険制度を導入した 1935 年の社会保障法の内容を方向づけたという。この視角からすると，社会保障制度の策定において雇用主が直接的な役割を果たした事実によって，なぜこれほど市場親和的政策が支配的になったかを説明できる。法人リベラリズムモデルは，政策決定における国家官僚など他の強力なアクターの役割を軽視し，「資本家と議員や行政官との個人的接触を記録する以上のものではない」（Skocpol 1992: 27）ような，単純すぎる政策過程分析を示していると批判されてきた[3]。

　福祉国家の発展における経営者の権力の潜在的影響に関するもっと洗練された解釈が，ピーター・スウェンソン（Swenson 1997）と，ジェイコブ・ハッカーとポール・ピアソン（Hacker and Pierson 2002）との間の論争から生まれた。スウェンソン（Swenson 1997）の主張によれば，1935 年の社会保障法は経営者の利害関心を受け入れ吸収するために設計された。そのような事情は，法律施行後，社会保障法に対する経営者の反対が急速に弱まった事実に照らして明らかだという。一方，ハッカーとピアソン（Hacker and Pierson 2002）は，政策決定が経営者の利害関心を方向づけることがありうると主張している。つまり 1935 年以降，経営者の利害関心のほうがルーズベルト政権の社会政策に順応しただけだというのだ。彼らは同時に，州レベルにおける経営者の権力の影響を認めている。さらに広く言えば，ハッカーとピアソ

ン（Hacker and Pierson 2002）は，連邦制などの政治制度が経営者の利害関心の政治的影響を濾過する効果を強調している。ここでもまた，一つの理論的視角（経営者の権力）が別の理論的視角（後述する歴史的制度論）と組み合わされている。

　最後に，「企業にとっての社会政策の重要性と，福祉国家の発展において経済団体が演じる役割を強調する」（Hall and Soskice 2001: 50）「資本主義の多様性」学派〔ホールとソスキスによって代表される〕に触れずに，社会保障の発展における雇用主の役割を論じることはできない。実際，この研究方法は，「政治経済の型と福祉国家の型の間には対応関係があるはずだ」（Hall and Soskice 2001: 50）と想定していることからわかるように，機能主義と制度論の想定を組み合わせている。それによって，自由市場経済（オーストラリア・カナダ・英国・米国など）と調整型市場経済（フランス・ドイツ・日本・スウェーデンなど）という，先進工業世界の2つの主要な政治経済の型を突き止めたのだ（Hall and Soskice 2001）。イザベラ・マレス（Mares 2003）は，同じ研究方法によって，先進工業世界の福祉国家の発展において経営者の利害関心が中心的な役割を演じたことを強調している。

　スウェンソンのような歴史家と資本主義の多様性学派の両方に対して，コルピ（Korpi 2006）は，福祉発展の政治分析においては主唱者・反対者・賛同者を区別することが重要だと応じている。コルピによれば，経営者は，ルーズベルトのニューディール政策の例のように賛同者の役割を演じることはあっても，主唱者であることは滅多にない。この3つの役割の区別は，後に他の学者によって取り上げられ，権力資源論と資本主義の多様性論の洞察に満ちた統合を生み出すことになる（第6章参照）。

歴史的制度論

　歴史的制度論は，権力資源論とならんで，福祉国家の発展を理解するうえで最も有力な研究方法だろう。以上に引用した学者のうち何人かは，特にハッカーとピアソン（Hacker and Pierson 2002）を筆頭に，福祉国家の発展における政治制度や政策遺産の役割を強調している。歴史的制度論は，他の研究方法と容易に組み合わせられる幅広い視角である。社会政策発展の分析に用いられるだけでなく，さまざまな研究領域に応用されている（Steinmo et al. 1992; Weaver and Rockman 1993; Immergut 1998）。とはいえ，スコチポル（Skocpol 1992），アン・オルロフ（Orloff 1993b），ピアソン（Pierson 1993）など，有力な福祉国家研究者は，明らかにこの流派との関連で自らの仕事を位置づけている。

　歴史的制度論の起源は国家中心アプローチにある。社会中心アプローチが経済的要因（産業化論）や社会階級（権力資源論）に焦点を当てた結果，国家の役割を軽視する傾向にあったことに反発し，国家中心アプローチは「国家を復権させる」ことを提唱した（Evans et al. 1985）。歴史的制度論の創始者の一人であるスコチポルによれば，国家は自律的要素として扱われる必要がある。なぜなら，

　　領土と国民の支配を要求する組織としての国家は，社会集団や階級，社会の要求や利害関心をたんに反映するだけではない独自の目標を定めて追求することができる。これが通常，「国家の自律性」の意味するところである。このような独立

した目標設定が行なわれないなら，国家を重要なアクターとして語る必要はほとんどない。(Skocpol 1985: 9)

　スコチポルが主張するように，ひとたび社会的アクターからの国家の相対的自律性を認めるなら，研究者は，「特に，強力な社会集団による現実的ないし潜在的な抵抗を押し切って，あるいは厄介な社会経済状況に直面しながら，公式目標を実行する国家の「能力」を探究」(Skocpol 1985: 9) しなければならない。

　国家はたんに経営者や労働組合の物質的利害を反映するものではないとするスコチポルの命題は，歴史的制度論の出発点である。しかし歴史的制度論は，国家の自律性の議論から急速に脱皮し，一般に，また特に福祉国家の発展において，政治制度と既存の政策遺産が利益団体やその他の社会的アクターの動員を方向づける仕方に関するさらに複雑な解釈を案出することになった。この研究方法は，スコチポルの画期的な著書『兵士と母親を保護する』(Skocpol 1992) で明確に定式化されている。この研究は，なぜ米国が欧州諸国とは異なる福祉国家発展の道を歩んだのかを説明しようと試みている。スコチポル (Skocpol 1992) によれば，政党システムや憲法設計（権力集中の度合いや国家能力）といった政治制度が社会的・経済的アクターの動員に制限をかける。と同時に，既存の政策は改革者にとって制度的な制約と機会を生み出すものであり，改革者が白紙から出発することは滅多にない。むしろ，政策転換を試みる際には，改革者は既存の社会制度を考慮に入れなければならない。

　政治制度について見ると，選挙規則や政党システムの違いが福祉国家政治に影響を及ぼしうる。権力を分散させる制度もあれば，

権力を集中させやすい制度もあるからである。この点をよく示しているのは，分権的な米国と集権的な英国（少なくとも 1990 年代後半に地方分権の波が押し寄せるまでは）の対比である。米国では，大統領と連邦議会が権力を二分し，議会には党議拘束がないため，連邦政府の権力は分断されている。これは，英国の議院内閣制が，党議拘束や，内閣人事による行政権と立法権の融合によって，少なくとも多数政権下では政治権力が集中する傾向にあるのと対照的である。しかし，ピアソン（Pierson 1994）が示唆するように，制度的な権力集中は政治家にとってよいことばかりではない。少なくとも，増税や給付削減といった不人気政策に対する非難を分散させようとする場合には不利になる。つまり，フォーマルな政治制度の役割は複雑かつ多面的であり，その影響は文脈によって異なるのだ。

　例えば，連邦制が福祉国家に及ぼす影響は国によって異なるし，同じ国でも政策分野によって大きく異なる（Obinger et al. 2005）。連邦制や地方分権は，福祉国家の拡大を阻害しうるが，状況によっては拡大をもたらす一助となる。これは第二次世界大戦後のカナダで起こったことである。カナダでは連邦政府と各州の国家建設競争の結果，社会保障が徐々に拡充され，1960 年代半ばから後半にかけて普遍主義的な医療制度が創設された。アントニア・マイオニによれば，この状況は，左派の第三政党が（とりわけ少数政権下で）連邦政府に対して社会保障の拡充を迫ったことの影響も反映しているという。米国にはこのような政党がなかったので，連邦制は概して社会政策の発展に負の影響を及ぼした（Maioni 1998）。

　政策遺産について見ると，歴史的制度論は，既存の社会政策が

改革をめぐる政治を方向づけるという想定に根ざしている。これは政策フィードバックと呼ばれるもので，政策が時とともに政治にいかなる影響を及ぼすかを指し示す概念である（Pierson 1993; Béland 2010b）。例えば，何十年も前に制定された政策は，その政策を縄張りとする官僚層や，その社会制度の行く末に大きな利害関心を持つ多くの受益者を生み出している（Pierson 1993）。歴史的制度論の立場から見ると，このことは将来の改革者に制約と機会を与えるので，社会政策の制度は時とともに強靭性を持つようになる。ただし，ケント・ウィーヴァー（Weaver 2010）が主張したように，経済的・人口学的要因が制度内部の脆弱性を徐々に高めることもあるので，既存の社会制度が生むフィードバック効果はつねに自己強化的とは限らない。したがって，ピアソンの議論（Pierson 1993）と異なり，政策フィードバックがつねに制度的継続性や経路依存性（つまり強い自己強化型の政策継続性）をもたらすとは限らない（Weaver 2010）。

結　　論

本章で検討した在来の理論は，いずれも福祉国家の発展の理解に貢献するものである。それぞれが，当該の文脈や政策領域に応じて，福祉国家の発展を方向づける特定の要因を強調しているからである。国ごとの社会政策の差異を説明するには，これらすべての次元を考慮する必要がある。すべての差異を説明できる全体理論の発見をめざすよりも，帰納的で経験的に基礎づけられた研究方法のほうが得るところが多い。

実際，福祉国家の厳密な研究に携わる学者たちは，しばしば複

数の理論的視角から同時に洞察を得ている。例えば，エヴリン・ヒューバーとジョン・スティーヴンスは『福祉国家の発展と危機』（Huber and Stephens 2001）のなかで，歴史的制度論と権力資源論からの洞察を一貫した体系的な形で結びつけている。エスピン‐アンデルセン（Esping-Andersen 1990）のような権力資源論者が制度の論理を分析の中心に据えていることを考えれば，これは不思議ではない。第3章で見るように，福祉レジームに関するエスピン‐アンデルセンの研究（Esping-Andersen 1990）は，歴史的制度論と重なっている。このことが示唆するように，本章で論じた理論の分類は有益ではあるが，多くの学者の研究のなかで生じている分析上の重なり合いを見落とすべきではない。

取り上げる各種の説明要因を適切に定義し，諸要因を明確に区別したうえで，それらをどのように組み合わせて特定の経験的問題を説明するかを明示する限り，社会政策研究者にとって，異なる研究方法からの洞察を組み合わせることは完全に正当である（Parsons 2007）。福祉国家の発展に関する諸理論はそれぞれ真剣に受け止めるべきだが，各理論は必ずしも相互排他的なものではなく，厳密にやるなら組み合わせてよいという点が重要である。

註————————————
1)　例えば Martin（1975）や Stephens（1979）を参照。
2)　福祉国家に関するネオマルクス主義の研究の例としては，O'Connor（1973）と Gough（1979）を参照。
3)　ある意味で，これは修正主義の歴史家に対する不当な批判である。例えばドムホフ（Domhoff 1970）は，米国資本の各分派と結びついたシンクタンクが重要な役割を演じたことに着目している。

第3章

各国を分類する

福祉レジーム再考

　エスピン-アンデルセンの『福祉資本主義の3つの世界』の命題は，刊行から25年以上にわたって，福祉国家をいかに分類し比較すべきかをめぐる論争の中心となっている（Esping-Andersen 1990)[1]。「福祉レジーム」概念によって一連の社会政策の根底にある構成原理の違いに着目したことや，各レジームの識別に用いる脱商品化と階層化という関連概念を提案したことも，彼の主要な貢献である。レジームという概念は，最初に政治が社会政策レジームを方向づける一方，次には政策がその後の政治的協力関係に影響を及ぼすという，政治と政策の間の複雑な関係にも注目を促している。彼の分析はこの点で，第2章で論じた歴史的制度論と多くの共通点を持っており，今日の課題への対応も経路依存的になされるという想定を共有している。

　もちろん，『福祉資本主義の3つの世界』や『ポスト工業経済の社会的基礎』（Esping-Andersen 1999）で示された諸命題に対し

て，これまで異議が唱えられなかったわけではない。これまでも反論がなされてきたし，今後もさまざまな反論がなされることだろう。後述のように，OECD 諸国の社会政策をもっと詳細に比較分析すれば福祉資本主義の世界は3つより多いことが明らかになると主張する人もいれば，同一レジーム内の差異を強調する人もいる。しかし，主な異議申し立ては，福祉レジームを「ジェンダー化」する必要があることを効果抜群に主張したフェミニストや，先進国だけでなく途上国や旧ソ連圏のさまざまな地域の福祉レジームを研究する人々からなされた。ジェンダーを考慮に入れると，労働市場において，また国家によって，女性がさまざまな仕方で不平等に扱われていることが可視化され，社会的再生産に対する女性の（しばしば無償の）貢献が浮かび上がる。おそらく25年前には，エスピン－アンデルセンその他の福祉国家研究者が西欧・北米・オーストラリア・ニュージーランドに視野を限定しても差し支えなかったかもしれないが，ラテンアメリカ・アジア・アフリカで重要な社会政策のイノベーションが試みられている21世紀の今日，そのような選択はもはや妥当ではない。

　本章の第1節では，エスピン－アンデルセンによる福祉レジームの着想について，前の2つの章で探索した古典に起源をたどりながら検討する。第2節では，福祉レジーム理論に対するフェミニストの貢献について，主流派の比較研究に与えた（部分的な）影響も含めて論じる。第3節では，エスピン－アンデルセンら先進国の学者たちがほとんど無視していた，第三世界の福祉を研究する学者の貢献に目を向ける。

福祉資本主義の3つの世界

　社会政策のパターンが国によって異なることに気づいたのは，決してエスピン‐アンデルセンが最初ではない。すでに1950年代にはウィレンスキーとルボー（Wilensky and Lebeaux 1958: 138）が，市場や家族ではうまく対処できないケースのみに国家関与を限定する残余的アプローチが優勢な国と，社会政策が社会の「最前線の役割」を果たす制度的アプローチの国を対比している。しかし彼らは，産業化の圧力によってすべての国が制度的アプローチに収斂していくはずだと考えていた。一方，エスピン‐アンデルセン（Esping-Andersen 1990）はそのような想定を置かなかった。むしろ，1980年代までにOECD加盟18か国で確立していた社会政策のパターンを検討し，3つの異なるパターンの持続を強調した。自由主義レジームでは，資力調査付きの公的扶助が控えめな普遍主義的給付や社会保険制度によって補完され，残りは市場と家族に委ねられる。保守主義レジームでは，細分化された社会保険制度が優勢で，「成員にサービスする家族の能力が尽きたときだけ国家が介入する」（Esping-Andersen 1990: 27）。そして，社会民主主義レジームは質の高い普遍主義的制度に基づいており，「家族生活の費用を先取りして社会化する」（Esping-Andersen 1990: 28）。自由主義レジームの代表例は米国だが，オーストラリア・カナダ・英国・アイルランド・ニュージーランドもこれに分類される。保守主義レジームの代表例はドイツだが，同じパターンは他の大陸西欧諸国にも見られる。社会民主主義レジームの代表例はスウェーデンとノルウェーだが，同じパターンはデンマー

クや，やや弱いがフィンランドにも見られる。

　大まかに言えば，これら「3つの世界」は，ティトマス（Titmuss 1974）による，残余的福祉モデル，産業的業績達成モデル，制度的再分配モデルという区別のうえに成り立っている。エスピン - アンデルセン（Esping-Andersen 1990）が追加したのは，階層化と脱商品化という概念である。階層化の概念は単純明快なものである。自由主義レジームがスティグマをともなう資力調査付きの扶助によって貧困層をそれ以外の人々から選別するのに対して，保守主義レジームの社会保険制度は階級や地位集団ごとに異なるプログラムを提供し，社会民主主義レジームは質の高い普遍主義的社会保障を重視してすべての人を包括しようとする，といった明確な違いがある。一方，脱商品化の概念は，第1章で取り上げたマーシャル（Marshall 1964）とポランニ（Polanyi 1944 [2001]）の著作に由来するもので，階層化より複雑である。社会的市民権に関するマーシャルの考察は，社会政策が階級不平等の弱毒化をもたらす可能性を提起した。ポランニはこの問題をもっと鋭く説明した。自由放任資本主義が労働を単なる商品として扱ったせいで，市場の力を抑制し労働を再び社会に埋め込むために各種の社会政策が必要とされた，というのである。ここから，エスピン - アンデルセンは彼の脱商品化概念を導き出した。脱商品化は，「あるサービスが権利として与えられる場合に，そしてある個人が市場に頼らずに生活を維持できる場合に」生じる（Esping-Andersen 1990: 21）。フェミニストやその他の批判については後述するが，まずはエスピン - アンデルセンが何を言わんとしたのかをはっきりさせる必要がある。

　脱商品化は，一見したところ社会民主主義よりもむしろ社会主

義的ユートピアを暗示しているように見えるが，エスピン - アンデルセン（Esping-Andersen 1990: 23）はその定義を2つの点で限定している。第一に，脱商品化的な社会政策には，標準的所得に等しい給付を十分な期間にわたって保証する社会保険制度も含まれる。一方，自由主義レジーム諸国は，資力調査付きのわずかな給付しか提供しない国も，普遍主義的な均一給付を提供するだけの国もあるが，いずれにしても最低限の脱商品化しか行なわない。保守主義レジーム諸国は寛大な給付を提供するが，それは仕事に関連した保険料拠出を条件としている。第二に，エスピン - アンデルセンは，人々が簡単に仕事をさぼってよいと言ったわけではない。彼によれば，完全雇用は社会民主主義レジームの重要な構成要素である。完全雇用は，資本の権力を弱毒化し（カレツキ（Kalecki 1942 [1972]）が指摘したように），脱商品化力のある福祉レジームを支えるために必要とされる歳入を国家が得るのに不可欠である。

　エスピン - アンデルセンは，第2章で検討した権力資源論の一種によって，これら3つのレジームが存在し持続している理由を説明しようとした。彼は，「（特に労働者階級の）階級動員の性格，階級政治における連合構造，レジーム形成期の歴史的遺産」（Esping-Andersen 1990: 29）という3つの側面に注目した。例えば，強力な労働組合と左派政党が独自の利害を持つ階級の一員としての労働者の自覚を促すだけでなく，その自覚が他の集団（最初は独立小農民，続いて新中産階級のサラリーマン）との効果的な連合形成にもつながった場合に，社会民主主義レジームの出現確率が最も高くなる。社会民主主義レジームは，質の高い普遍主義的給付を提供することで，福祉国家への幅広い階級横断的な支持を呼び

起こす。それとは対照的に，労働組合がセクショナリズムやビジネスユニオニズム〔政治への関与を控えて組合員の労働条件改善に専念する考え方〕に傾倒した場合，そして左派政党が相対的に弱体な場合には，自由主義レジームが優勢になりやすい。新中産階級への支援が限定的なので，民間保険や民間サービスの拡大が助長され，普遍主義的制度への要求は弱まる。社会給付における国家と市場の相対的な重みの違いは，福祉レジームを分ける境界線になっている。これは医療や年金といった分野でとりわけ容易に見て取れる。米国のように，財政的ならびに社会的に見て逆進的となる形で民間の給付やサービスを補助する国もある（Hacker 2004; Howard 2006; Béland and Gran 2008）。

　最後に，保守主義レジームが出現したのは，当初は地主貴族と小作農に分かれた農村部門が優勢だったために労働者階級が相対的に孤立していた国である。ビスマルク流の階層化された社会保険制度は，労働者階級の動員を阻止するために導入された。これにより，地位別の制度に対する新興中産階級の忠誠を促す社会政策の構造が確立された。また，宗教政党（キリスト教民主党）が強いことから補完性概念（つまり家族への依存）が強化される一方，家族給付の構造によって母親が家庭に留まるよう奨励された（Esping-Andersen 1990: 27）。

　エスピン‐アンデルセンの「3つの世界」論の決定的な貢献の一つは，福祉レジームの型がその国のポスト工業化の軌道に影響を及ぼすという命題である。彼は米国・ドイツ・スウェーデンを例に取る。米国の自由主義レジームは，よい仕事も多少は創出したものの，多くの低賃金サービス雇用を生み出し，その多くは飲食・清掃・宿泊サービスの仕事である。一方，スウェーデンの社

会民主主義レジームは，社会サービス部門が強いので，良質の中級サービス雇用をたくさん生み出している。ドイツのポスト工業的雇用構造は専門技術職など上層に集中しており，あまり発展していないという（Esping-Andersen 1990: 206）。

「3つの世界」論に対する主要な批判については次節で検討しよう。ただ，彼の当初の類型に異議を唱えた人々については，ここで検討しておいてもよいだろう[2]。南欧モデル（Ferrera 1996）や「ラテン周縁型」（Leibfried 1992）が第四のレジームだと主張した人々がいる。フェレーラの主張が最も精緻なものである。彼によれば，南欧モデルは，社会保険制度が非常に細分化され，「寛大さの絶頂と巨大な給付の穴」〔職業間の年金格差〕を特徴とし，普遍主義的な医療制度が確立している点，福祉サービスに対する国家の浸透度が低く公共部門以外の役割が大きい点，クライエンテリズム〔恩顧主義。政治家が支持者に見返りとして利権を分配することで成り立つ政治体制。福祉も利権として扱われる〕が根強い点などにおいて，大陸欧州北部の保守主義レジームから大きく外れている（Ferrera 1996: 29）。クライエンテリズムは，とりわけ官僚制など国家制度の脆弱性と，見返りの分配装置としての政党の優位から生じる。これらの国々にはかなり大きなインフォーマル部門が存在するが，フェレーラはこの点については言及するだけで強調していない（Ferrera 1996: 32）。後述のように，クライエンテリズムと大きなインフォーマル部門の存在は，途上国に見られるパターンと南欧モデルに共通する要素である[3]。

キャッスルズとミッチェルは，主として英語圏の諸国からなる世界（すなわち，オーストラリア・ニュージーランド・英国・アイルランド・カナダ）を，その「平等化能力」〔累進課税と選別主義的給付

によって効率的に垂直的再分配を行なう政府の能力〕に注目して別種の「ラディカル」型だと主張している（Castles and Mitchell 1993: 105）。低い支出と高い平等化効果という特徴は，「戦後，労働運動が強力だったのに大衆の支持を労働党の長期政権につなげられなかったこと」を反映しているのだという（Castles and Mitchell 1993: 119）。キャッスルズとミッチェルは，ラディカル英語圏の福祉レジームと北欧諸国の福祉レジームの来歴が似ていることも指摘している。両者の違いは，北欧諸国では労働運動が脱商品化路線に沿って福祉国家を拡大できたのに対して，ラディカル諸国ではそれができなかったことである（Castles and Mitchell 1993）。一方，マイルズ（Myles 1998）はカナダと米国の社会政策を比較するなかで，英語圏諸国を自由主義レジームとして一括したまま，財源調達と給付配分の制度設計に注目することでレジーム内の変種を説明するという解決策を提案している。

　エスピン–アンデルセンの当初の研究（Esping-Andersen 1990）における福祉レジームのスナップショット〔一時点の横断面〕は，1970 年代の石油危機とグローバル化の進展を受けて新自由主義の言説が台頭し，福祉国家の削減に関する論争が巻き起こった1980 年代に撮影されたものである。「3 つの世界」論が示唆していたのは，福祉国家の削減は自由主義レジームで最も抵抗が少なく，社会民主主義の論理が確立していた国で最も抵抗が大きいということである。ピアソン（Pierson 1996: 175）はこれに異議を唱え，自由主義レジームにおいてさえ，「成熟した社会保障制度は，社会サービスの消費者と供給者という新たな利益団体を生み出し，それらは通常，福祉国家を防衛するのに有利な立場にある」と主張している。財政危機を捉えて改革の機会が訪れるとしても，そ

うした改革は本質的に漸進的なものとなる可能性が高い。言い換えれば、それは経路依存性の論理に従う可能性が高いのだ。ピアソン（Pierson 1998: 554）はその後、高まる改革圧力が社会保障制度への大衆の支持という「不動の物体」にぶつかり続けると、社会契約の再編と刷新への取り組みが始まる、と主張するようになった。第4章で見るように、この種の「福祉国家の再調整」というテーマは、新たな千年紀の幕開けとともに研究を支配することになる（Ferrera and Hemerijck 2003; Palier and Martin 2008; Bonoli and Natali 2012; Morel et al. 2012a）。

福祉レジームをジェンダー化する

「3つの世界」論に対するもっと根本的な批判がフェミニスト学者から提起された。それによれば、エスピン-アンデルセンの理論は階級ばかり強調して、ジェンダーを無視している[4]。言い換えれば、レジーム論者は有償労働と福祉の関係に焦点を当てることで、家族の果たしている役割や、そこで行なわれる無償労働のジェンダー差別性、無償労働が市民権に及ぼす影響などを過小評価しているというのだ。フェミニストのなかには、ジェンダーに基づいて福祉レジームを分類する代替システムを構築しようとした学者もいれば（Lewis 1992; Siaroff 1994; Lewis and Ostner 1995; Sainsbury 1996）、オルロフ（Orloff 1993a）やオコナー（O'Connor 1993）のように、「3つの世界」論そのものをジェンダー化しようとした学者もいる。

ルイスの当初の研究（Lewis 1992）は、すべての福祉レジームの設計思想において男性稼ぎ手モデルが中心を占めていることを

力説した。仕事と福祉が結びついているせいで男性稼ぎ手の役割が強調され，女性は妻や母としての依存的地位を通して受給権を得るのが常である。しかし，男性稼ぎ手中心主義の度合いは福祉レジームによって異なっていた。英国やアイルランドのような「強度の」男性稼ぎ手レジームでは，社会保障における男女間の不平等が制度化され，保育サービスや産休・育休の権利はなく，女性はせいぜいパートタイムの有償労働参加を奨励される程度だった。一方，フランスのような中位の男性稼ぎ手レジームでは，女性の労働力率が以前から高く，妻や母としての女性の要求と有償労働者としての女性の要求の両方を認めるものの，世帯における男性支配は問題にされないままだった。これら2つのレジームと異なり，スウェーデンでは，幅広い公的保育システム，育児休業，個人単位の課税方式などによって，1990年代初頭には共稼ぎモデルへと移行しつつあった。

　セインズベリーは，「家族イデオロギーの型，それが給付と負担の単位や受給資格の性格に関わる社会政策に及ぼす影響，および家族内の実際の分業を強化する他の政策分野に及ぼす影響，公的領域と私的領域の境界，女性のケア労働が有償か無償かの程度」（Sainsbury 1996: 41）に基づいて，男性稼ぎ手モデルの強度の違いを体系的に分析する方法を構築した。彼女によれば，2つの社会政策の理念型がある。一つは上記の自由主義レジームと保守主義レジームの両方に見られる男性稼ぎ手を中心とした理念型であり，もう一つは個人を中心とした理念型である。後者では特定の家族形態が優先されることはないが，仕事とケアは家族のなかで平等に分担される。さらに，

権利付与の主要な根拠は，市民権ないし居住歴である。この方式を採ることで，有償労働だけでなく，個人が人生において果たしている多様な役割を認めることができる。仕事もケアも特別扱いしないので，仕事とケアの平等な分担が可能になる。私的領域と公的領域の境界は流動的である。子育て仕事の多くを公共部門が担っている。家庭内のケアでさえ，有償労働として社会保障給付の受給資格をともなう場合もある。(Sainsbury 1996: 42)

　セインズベリーの個人モデルは，フレイザー（Fraser 1997）の「総ケア提供者モデル」〔すべての人がケアを担えるようにする〕の理念型と多くの共通点を持つ。両者にとって，それは希求すべきものであり，他のすべての既存モデルの限界を批判的に評価する手段として存在しているのだ。

　「3つの世界」論と直接対決したフェミニストのなかでは，オルロフの古典的論文（Orloff 1993a）が，そのような対決が有益であることを例証している。オルロフは，国家・家族・市場の異なる配合に注目するとともに，階層化がジェンダーと階級の両方の線に沿って生じることを指摘した。例えば，自由主義レジームでは，しばしばシングルマザーが資力調査付きの公的扶助に依存する人々の大半を占める一方，男性の稼ぎ手は（企業や公的）社会保険が提供する充実した給付を享受している。エスピン - アンデルセン（Esping-Andersen 1990）の強調する脱商品化は，女性の主な役割が家庭内ケア提供者のままである限り，オルロフや他のフェミニストにとって最も重要な問題を引き起こす。オルロフ（Orloff 1993a）によれば，フェミニスト社会民主主義レジームが

あるとすれば，それは，（1）仕事と家族生活の両立を可能にするサービスの提供を含めて有償労働へのアクセスを女性に保証し，（2）自律的世帯を形成し維持する女性の能力を支援するものになる。オコナー（O'Connor 1993: 511）も同様に，脱商品化概念を「人格的自律，つまり個人的ないし公的な依存からの解放」の概念で補う必要があると力説している。リスターによれば，これは「一人ひとりの大人が，家族関係とは独立に，有償労働または社会保障給付によって，社会的に許容できる生活水準を維持できる程度」と関わる（Lister 1997: 173）。リスター（Lister 1994）は，マクロクリンとグレンディニング（McLaughlin and Glendinning 1994）とともに，このことを捉えるために「脱家族化」という新しい概念を提案した。

エスピン‐アンデルセンは『ポスト工業経済の社会的基礎』（Esping-Andersen 1999）のなかでフェミニストの批判に応答し，「脱家族化」概念の採用を提案している。この概念は，個人が「家族的ないし婚姻上の互酬性とは独立に」生存できるようにする政策に焦点を当てており，多くの点でフェミニストの脱家族化概念と似ている[5]。エスピン‐アンデルセンによれば，北欧の社会民主主義レジームは，脱家族化を最もよく達成するものだった。というのは，貧弱でスティグマをともなう給付を提供する自由主義レジームと違って，社会民主主義レジームは，市場所得に代わりうる所得を保証し，女性のフルタイムかつ生涯にわたる労働市場参加を促すサービスや社会保険（育児休業）を提供するからである。しかし彼は，政治的動員の定義を広げて，女性運動，組合・政党の女性部会，審議会・議会・内閣における女性代表などを含めることはしなかった。

フェミニスト学者たちは，同一レジームの国でもジェンダー差別的前提には重要な違いがありうることにも気づいていた。例えばオコナーら（O'Connor et al. 1999）は，自由主義レジームに分類されることの多いオーストラリア・英国・カナダ・米国の間には，ジェンダーモデルに重要な違いがあることを示している。オーストラリアと英国が女性のケア提供者を強力に支援しているのに対して，カナダと米国はもっと共稼ぎ家族に開かれている。こうした違いは自由主義レジームに限った話ではない。ベリクヴィストら（Bergqvist et al. 1999）は，北欧諸国間の重要な違いを立証している。ノルウェーとフィンランドは家庭内ケア提供者としての女性を支援しているのに対して，スウェーデンは共稼ぎ共ケアモデルの支援に最も接近している。しかしながら，「家族主義的」な保守主義レジーム諸国の間でも，例えば保育への公的関与には違いが見られる（Morgan 2006）。最近の研究では，長らく「家族主義的」と言われてきた保守主義レジームにおける，共稼ぎモデルに向けた顕著な変化が立証されている（Leitner 2010; Fleckenstein and Lee 2014; Ferragina and Seeleib-Kaiser 2015）。

先進福祉国家を超えて

　福祉国家（ないしは福祉レジーム）に関する比較研究の大半は，西欧・北米・オーストラリア・ニュージーランドに焦点を当てている。したがって，旧ソ連圏で構築された社会保護の仕組みはほとんど無視され，ラテンアメリカ，特にそのなかでも比較的発展した国々で構築された社会政策の仕組みについても同じく無視された。日本は OECD 加盟国として多少は注目されてきたが

（Goodman and Peng 1996），エスピン - アンデルセンは日本の福祉レジームの独自性を否定した（Esping-Andersen 1997: 188）。日本の福祉レジームは保守主義と自由主義の特徴を組み合わせた「ハイブリッド」な性格を持っているが，それは制度の基礎が定まっていない証拠であり，日本の福祉国家の輪郭がはっきりするまでには「まだ時間がかかる」というのだ。

　あらゆる面における「グローバル化」や，ベルリンの壁の崩壊，アジアの「虎」〔韓国・台湾・香港・シンガポール〕の台頭，そして最近では BRICS（すなわち，ブラジル・ロシア・インド・中国・南アフリカという「新興」経済大国）が担う新たな責任など，国際システムの重要な変化を経て，もはや世界の他の地域を無視できないことが明らかになった。それどころか，ハンロンら（Hanlon et al. 2013）は，ブラジル・インド・中国・南アフリカにおける実験が，無拠出型現金給付を中心とした新しい社会政策パラダイムの創造を先導しているとまで主張する。例えば，ブラジルとメキシコは，貧困者に対する条件付現金給付（CCTs）という社会政策のイノベーションで知られるようになった（Fenwick 2016; Peck and Theodore 2015）。アパルトヘイト撤廃後の南アフリカでは，児童手当や雇用に基づかない年金である高齢者手当など，無拠出の社会扶助制度がかなり拡大された（Clarke 2015: 204）。中国でも，都市住民，そして最近では農村住民を対象とした医療と年金の適用範囲が拡大されてきた（Hong and Kongshøj 2014; Yu 2015）。労働者各層間における適用の不平等は依然として大きな問題だが，中国は農村住民のための制度を含む大規模な社会保障を構築してきた。インドの全国農村雇用保証制度〔NREGA，希望者全員に年間100日まで最低賃金での就業機会を保証する〕も，農村の貧困者の生活条件

改善を目的としている。フォーマル部門以外の人々，特に農村住民への適用範囲の拡大が，他の低所得国にとっても極めて重要な課題である。低所得国では概して，農村人口に対する十分な社会政策の適用を欠いている（Williamson and Béland 2015）。

　これらの国々や世界の残りの地域を比較対象に加えるとなると，たんに福祉レジームの数を増やすだけでは済まない。そこから多くの重要な論点が浮上するのだ。第一に，国家・市場・家族の三角形を，第四点のコミュニティないし市民社会を加えたダイヤモンド〔菱形〕に引き伸ばさなければならない。第二に，脱商品化は，フェミニストにとっても問題だったが，先進国以外のレジームを研究する学者にとってはさらに大きな問題になる。少なくとも，多くの人々が資本主義的生産関係に完全に組み込まれていない国を扱う場合はそうだ。第三に，南欧と同じく，国家と政党組織がしばしばクライエンテリズムを助長し，社会保障は与党への支持を買うために利用されている。したがって，脱商品化や階層化，フェミニスト流の自律的生存権に加えて，脱クライエント化を論じるべきかもしれない（Wood and Gough 2006）。第四に，途上国の福祉レジームを組み入れることは，経路依存性命題を再検討する機会を提供する。多くの途上国が，1980年代に先進国が経験したよりも深く長引く危機に晒されてきたからである。最後に，福祉レジームを国内要因だけの産物であるかのように扱うことは明らかに不可能であり，国境を越えた要因も含めて検討しなければならない。この点については，第8章で議論する。

　なるほど，福祉ミックス〔国家・市場・家族などによる福祉の分担〕に第四の次元（コミュニティないし市民社会）を加えるべきだと主張した人はこれまでもいた（Jenson and Martin 2003）。エスピ

ン‐アンデルセン（Esping-Andersen 1999: 35）自身も，民間非営利部門を当初の国家・市場・家族に加えるべきだと註記している。ドイツやオーストリアなどでは，「多くは教会によって運営される」第三セクターが重要な役割を担っているからだという。しかしながら，ウッドとゴフ（Wood and Gough 2006）の主張によれば，多くの途上国では，コミュニティ部門を含めて考えることは社会給付や実質的権利義務関係を理解するうえで不可欠なのだ。彼らが指摘するように，コミュニティは「国家と家族の中間にある幅広い制度慣行を意味しており，序列と互酬，ひいては不平等と権力をともなっている。それはまた，非常にローカルで属性的な関係から，もっと広い組織的で目的意識的な関係への連続体を意味する」（Wood and Gough 2006: 1702）。さらに言えば，福祉ダイヤモンドのなかで国民国家が中心的な役割を担っていると思い込むべきではない。ほとんどの先進国には福祉国家レジームがあるのに対して，「十分に機能する労働市場と金融市場が行き渡っていない」途上国では，社会的不平等を補償する国家の能力も限られているため，もっと広義の福祉レジーム概念を採用するのがふさわしい。

　第二の点について言えば，人口のかなりの部分が資本主義的生産関係に直接組み込まれていない国では，脱商品化について語ってもあまり意味がない。例えば，フィルゲイラは，ブラジルとメキシコで発展した福祉レジームは「二重構造的」だと論じている。なぜなら，両国の一部には「実質的な排除のシステムが存在し，国民の大半は（市場にも国家にも）非常に低い程度でしか組み込まれていない」（Filgueira 2005: 24）。このような文脈では，地方農民や土地を持たない労働者，インフォーマル部門で生計を立ててい

る人々は，ある意味でまだ商品化されていないのだ。そこでウッドとゴフ（Wood and Gough 2006）は，エスピン‐アンデルセンの脱商品化指標の代わりに UNDP（国連開発計画）の人間開発指標を用いて，2つの新しいレジーム類型を案出している。第一の類型はインフォーマル保障レジームであり，「かなり程度の差はあるものの，人々が保障の必要を満たすためにコミュニティや家族関係に大きく依存するような制度的編成」である。第二の類型は不安レジームであり，「重大な不安を生み出し，その是正はおろか緩和のためのインフォーマルな仕組みの安定的出現すら阻むような制度的編成」（Wood and Gough 2006: 1699）である。インフォーマル保障レジームには，ラテンアメリカの一部，東南・南アジア，サハラ以南アフリカのいくつかの国々が含まれる（Wood and Gough 2006: 1704）。一方，不安レジームの大半は，南アフリカを除くサハラ以南アフリカに見られる[6]。

　第三の点について言えば，南欧と同じく，自律的官僚制を欠きエリートの支配する政党が優勢な国では，福祉レジームはしばしばクライエンテリズムに毒される。フィルゲイラ（Filgueira 2005）の主張によれば，ラテンアメリカ諸国の多くがそうだった。また，ウッドとゴフ（Wood and Gough 2006）は，こうした関係はインフォーマル保障レジームに典型的だと示唆している。インフォーマル保障レジームでは，「貧しい人々は，長期の無防備や依存と引き換えに短期的安全を手に入れている」（Wood and Gough 2006: 1699）というのだ。そこで，脱商品化や階層化に加えて，脱クライエント化の概念を導入すべきである。脱クライエント化とは，「親密な権力をふるって利己的・恣意的・裁量的な罠にかける人物から依存的クライエントを引き離す」とともに，「クライ

エンテリズム的な代表と給付の形態を廃止し，福祉と安全に対するフォーマルな権利を確立する過程を指す」（Wood and Gough 2006:1708）。例えば，メキシコの条件付現金給付制度であるプログレサ〔PROGRESA，後にオポルトゥニダーデス（Oportunidades），さらにプロスペラ（PROSPERA）と改称された〕の推進者の主張の一つは，プロナソル〔PRONASOL，Programa Nacional de Solidaridad，全国連帯制度〕など従来の制度につきまとっていたクライエンテリズム的な政治干渉を新制度が防止したということである[7]。

　先進福祉国家以外の福祉レジームについて考察すると，経路依存性命題を再検討することの価値にも気づかされる。中東欧やラテンアメリカ，東北アジアの福祉レジームの制度的基盤は，経済危機と民主化によって揺るがされてきた。歴史的制度論は，そうした出来事が決定的分岐点となって経路転換の可能性が開かれることを示唆している。これらのレジームではどうだったのだろうか。

　共産主義時代の東欧の福祉レジームは，「国民が政治的におとなしくしていることと引き換えに，食料・住宅・交通・基本的必需品の価格に大幅な補助を行ない，雇用を保証し，十分な医療と教育を提供し，労働者・専門職・経営者の間の賃金格差を小さく保つことを特徴としていた」（Deacon 2000:147）。しかし，主に職場を通して福祉が提供されていたので，ディーコンが指摘するように，この福祉レジームは「受給資格が細分化された報酬比例の社会保険を基本とする，オーストリアやドイツのようなビスマルク型福祉レジームへと容易に転換可能だった」（Deacon 2000:151）。10年近く後にハガードとカウフマンが指摘したのは，東欧では自由主義の方向への移行がある程度見られた一方で，全体として

「社会主義福祉システムの根底にある包括的保護の原則が驚くべき復元力を示した」（Haggard and Kaufman 2008: 341）ことだった。例えば，社会保険は比較的幅広いリスクをカバーするとともに，無保険者層のための国庫負担で補完されてきた。これは普遍主義の公約が変わっていないことを示している（Haggard and Kaufman 2008: 341）。

　しかし，改革の方向性にいくつか違いがあることを示す証拠もある。例えば，ハッカー（Hacker 2009）は，年金・医療・失業に関する改革を分析し，改革はつねに単一の路線をたどるわけではないことを示唆した。むしろ東欧諸国は，南欧型を含む４つの福祉レジームすべてからさまざまな形で借用を行なっている。それゆえ，東欧諸国の福祉レジームはハイブリッド型に分類すべきものである。脱家族化について見ると，かつての共産主義レジームは，女性に母親と労働者という二重の役割を果たすよう促した（Pascall and Manning 2000）。スロベニアとリトアニアが社会民主主義レジームと似た形で脱家族化を支援し続けているのに対して，ハンガリー・チェコ・エストニアは保守主義レジームと似た「明示的」家族主義を受け入れ，ポーランド・スロバキア・ラトビアでは脱家族化支援が後退して自由主義レジームと似た「暗示的」家族主義への転換が生じている（Javornik 2014）。

　エスピン-アンデルセン（Esping-Andersen 1997）はさきに，日本に代表されるアジア独自の福祉レジームという考えを否定したが，独自のレジームがあると主張した人もいる。例えばジョーンズは，「（西洋流の）労働者参加なき保守的コーポラティズム，教会なき補完性原理，平等なき連帯，リバタリアニズムなき自由放任，似非伝統的な儒教的拡大家族の流儀で運営される国家と「家

政経済」」を特徴とする独自の「儒教的」福祉レジームの存在を主張した（Jones 1993: 214）。ホリデイ（Holliday 2000）は，日本・香港・シンガポール・韓国・台湾には「生産主義」福祉レジームがあると主張した。このレジームの特徴は，社会政策が「経済成長という最優先の政策目標に厳格に従属していることである。他のすべてはそこから生じる。すなわち，生産活動に連動した付加部分をともなう最小限の社会権，社会のなかの生産的分子の地位強化，成長を目的とした国家・市場・家族関係，などである」（Holliday 2000: 708）。

　しかし，ペングとウォン（Peng and Wong 2008）は，韓国と台湾について，1980年代の民主化と1990年代末のアジア金融危機が経路転換的改革への突破口を開いたと述べている。社会保険は依然として主要な制度形態だったが，1980年代にはインフォーマル部門の自営業者や扶養家族にも拡大適用されるようになった。さらに金融危機を契機として，技能訓練や教育だけでなく，少子高齢化に応じて保育や介護，女性に優しい職場などへの投資を支持する新しい生産主義連合が出現した（Peng and Wong 2008: 79）。その後の論文で，ペング（Peng 2012）は，日本も韓国と同様に脱家族化の方向に進みつつあると論じている。エステヴェス－アベとキム（Estévez-Abe and Kim 2014）もこれに同意し，日韓ともに引き続き家族主義を特徴とするものの，変容の過程にあると指摘した。それは特に韓国で急速に進みつつある。

　ラテンアメリカでは，バリエントス（Barrientos 2009）が危機以前の福祉を「保守主義－インフォーマル」レジームとして分類したのに対して，フィルゲイラ（Filgueira 2005）は，「階層化された普遍主義」レジーム（アルゼンチン・チリ・ウルグアイ・コスタ

リカ)[8]，二重構造レジーム（ブラジル・メキシコ），排除的レジーム（その他の国に見られる）を区別している[9]。明らかに，一方では経済危機が，他方では 1980 年代の政治的民主化が影響を及ぼしている。この地域全体に新たに出現した福祉は，「自由主義 - インフォーマル」レジームの特徴を帯びている。「自由主義と呼ぶのは引き続き市場供給に依存しているからであり，ハイフンでつないだのは，以前は厳格だった〔フォーマル部門とインフォーマル部門の〕給付区分が弱まったから」（Barrientos 2009: 89）だという。フィルゲイラ（Filgueira 2005: 53）は，慎重ながらもさらに楽観的だった。2000 年代初頭の左派ないし中道左派政党の勝利によって，「基礎包摂的普遍主義」の萌芽に向けた移行の可能性が開かれたからである。アルゼンチン・ブラジル・チリ・コスタリカ・ウルグアイの中道左派政権は，実際に「基礎的普遍主義」の方向に移行してきたように見える（Huber and Stephens 2012; Pribble 2013）。

　ラテンアメリカ諸国（のいくつか）は，主要な制度の適用範囲の拡大によって課題に対応しただけでなく，（具体的に言えば，古い「二重構造」レジームとされるブラジルとメキシコのことだが）条件付現金給付（CCTs）という社会政策の重要なイノベーションの実験場にもなった。条件付現金給付は（世界銀行の援助によって）途上国に広まっただけでなく，先進国の政策変更も促してきた（Peck and Theodore 2010）。さらに言えば，メキシコのオポルトゥニダーデス〔Oportunidades,「機会」を意味する条件付現金給付〕は，家族主義を弱体化させるよりもむしろ強化したが（Molyneux 2006），全面的に成功したわけではないにせよ脱クライエント化の促進を目的として設計されていた（Luccisano and Macdonald

2012)。アルゼンチンの条件付現金給付制度がクライエンテリズ
ム政治に巻き込まれたままだったのに対して，ブラジルのそれは，
連邦政府が地方自治体の支持を得ることで州知事たちを出し抜き，
脱クライエント化に成功した（Fenwick 2010, 2016）。

結　　論

　以上の議論をふまえると，先進福祉国家以外の国々にレジーム
分類をあまりにも機械的に当てはめることをエスピン‐アンデル
センが戒めたのはおそらく正しかった。この点で，私たちはパウ
エルとキムによる以下の結論に賛成すべきかもしれない。つまり，
「動態的な見方をすれば，「凍結状態」で「経路依存」の欧州福祉
国家とは対照的に，静態的なレジーム分類では捉えられないほど
急速に変化しつつある国々もあることがわかる」（Powell and Kim
2014: 634）。一方，「凍結状態」だったはずの欧州の保守主義レジ
ームもまた，重大な変化を遂げつつあるようだ。もっと一般的に
言えば，福祉レジーム概念は発見を助ける道具としては有用だが，
経路転換的変化の可能性にも注意を怠らないことが大事である。

註——————————

1)　例えば，最も重要な社会政策雑誌のうちの2つ，*Journal of
European Social Policy*（第 25 巻第 1 号）と *Social Policy and
Society*（第 14 巻第 2 号）は，エスピン‐アンデルセンの貢献に
対して特別号を捧げている。

2)　代わりの分類案に関する詳しい議論については，Abrahamson
(1999) と Arts and Gelissen (2002) を参照。

3)　ガル（Gal 1996）は，南欧モデルの対象国をキプロス・ギリシ

ア・イスラエル・マルタ・トルコにまで拡大することを主張し，これらの国ではかなりの規模の「シャドーエコノミー」が存在するせいで，国家は歳入を奪われ，住民は公的社会保護なしの状態で放置されていると力説する。

4) 多くのフェミニストは，ジェンダーと階級，人種・エスニシティ，その他の社会関係の側面との交差も認識していた。ここで特に重要なのは，ウィリアムズの画期的な仕事（Williams 1995）だった。この点については第7章で論じる。

5) エスピン－アンデルセンは，すでにリスター（Lister 1994）やマクロクリンとグレンディニング（McLaughlin and Glendinning 1994）が脱家族化概念を使用していたことに言及していないのだが。

6) 後者については，Knijn and Patel（2012）の共編による *Social Policy and Administration* の特集号（第46巻第6号）を参照。

7) プログレサ（オポルトゥニダーデス）は，クライエンテリズムの程度を軽減したかもしれないが，完全に除去したわけではない（Luccisano and Macdonald 2012）。

8) コスタリカは「萌芽的社会民主主義」レジームを発展させたとされている（Filgueira 2005: 21）。これらのレジームの形成要因を説明する際，フィルゲイラは「輸入代替工業化モデル〔保護関税と国産奨励による工業化戦略。輸出志向工業化モデルと対照的〕の深度と種類，政治体制とそれを運営するアクター，非エリート部門が担う組織と政治的特徴」（Filgueira 2005: 9）を強調している。

9) 家族主義概念を取り入れたもう一つの分類については，Martínez-Franzoni（2008）を参照。彼女の貢献については第6章で取り上げる。

第4章

社会政策におけるアイディア の役割を重視する

　社会政策研究において，アイディア〔理念〕の役割を検討する のは決して新しいことではない。例えば1970年代初頭，産業化 論者のガストン・リムリンガー（Rimlinger 1971）は，福祉国家の 発展を研究したいなら，アイディアが社会政策の主要な決定に対 していかに影響を及ぼしうるかに注目すべきだと力説した。10 年以上後に，ジョン・キングダン（Kingdon 1984）は米国の医療 政策におけるアイディアの役割を探究し，ジェイン・ジェンソン （Jenson 1989）は「社会パラダイム」が第一次世界大戦前のフラ ンスと米国の労働保護立法に与えた影響について論じた。さらに， 第2章で述べたように，ダニエル・レヴィーン（Levine 1988）は 福祉国家の発展に対する文化的アイディアや価値観の影響を強調 した。

　過去15年間に学者たちは，福祉国家をめぐる政治，とりわけ 政策変化に対するアイディアの潜在的影響に注目してきた。政策

変化の問題が大きな論争を呼んだのは，従来の歴史的制度論では持続や経路依存性ばかりが強調されていたからである（第2章）。本章ではこうした研究を概観するが，その際，問題定義，政策パラダイム，フレーミング過程，文化的カテゴリー，社会政策の言語，アイディアと制度の関係，漸進的だが変革的な政策変化の形態といった，アイディアに関わる重要な概念に焦点を当てる。アイディアは社会政策の変化において直接的な役割を演じうるが，アイディアの影響はしばしば他の要素，とりわけ制度的要因によって媒介される，ということを示すつもりである。

▌アイディアを定義する

　アイディアは，簡単に言えば，社会的・政治的アクターがいだく因果的および規範的な信念として定義できる（Béland and Cox 2011）。最も広く言えば，アイディア構築過程は，政策アイディアだけでなく文化的信念や政治的イデオロギーを含むものであり，制度的説明・構造的説明・心理的説明とならんで社会科学や政策研究における4つの説明様式の一つである（Parsons 2007）。アイディアは，他の要因と相互作用しつつ政策の安定や変化をもたらすが，他の要素に還元できないという意味でたんなる付随現象ではない。アイディアはそれ自体として重要なのだ（Campbell 2004）。とはいえ，アイディアは決して宙に浮いているわけではない。それは通常，政策過程の内外で，具体的なアクターによって運ばれる。キングダン（Kingdon 1984）がかつて述べたように，政策アイディアはどこからでもやってくる。新しいアイディアの出どころには，学者，社会運動，シンクタンク，政党などがある。

しかしながら，政策アイディアがどのように生み出され広まるかは国によって大きく異なる。例えば，フランスでは国家が政策アイディアや専門知識を生み出すうえで中心的な役割を果たすことが多いが，これは米国において民間非営利シンクタンクが政策過程で大きな役割を演じているのと対照的な状況である（Campbell and Pedersen 2011）。したがって，社会政策の決定に対するアイディアの潜在的影響を評価するには，アイディアを具体的文脈のなかで，かつ，特定のアクターやその他の説明変数との関係のなかで理解する必要がある。

アイディアの重要性は今や明らかだが，学者たちは目下，アイディアが具体的な政策過程のなかでどのように影響を及ぼすのかを調べている（Jacobs 2009; Mehta 2011）。その第一歩は，アイディアを明確なカテゴリーに分類することである。アイディア構築過程は多くの異なる形態を取りうるからである（Béland and Waddan 2015）。これが次の4つの節で行なうことであり，問題定義，政策パラダイム，フレーミング過程，文化的カテゴリーに焦点を当てる。これら4種類のアイディア構築過程はアイディアが社会政策の安定と変化に影響を及ぼす形態を網羅的に示すものではないが，アイディアが社会政策過程のなかでいかに具体的かつ多様な形態を取るかを理解していただけると思う[1]。

問 題 定 義

政策問題の社会的構築は，政策決定過程の重要な局面である（Rochefort and Cobb 1994）。最も一般的に言えば，社会政策の分析に際しては，認識された当面の問題に関する支配的信念を考慮に

入れなければならない。問題の定義を変更したり，新しい問題を政策課題に押し上げたり，逆に問題の重要性を低下させようとする試みは，その問題の定義自体をめぐる政治闘争をともなう（Mehta 2011; Stone 1997）。

19世紀末から20世紀初頭にかけて，失業という概念が確立されたことは，問題定義の重要性を示す好例の一つである。この概念は，失業の非自発性を強調することによって，仕事がないことは純粋に個人的で道徳的な問題だとする見方に異議を唱えた。かえって，仕事がないことは重大な社会問題となり，その結果，政治的関心と政府の行動に値する政策課題となったのだ。大恐慌のような具体的な経済ショックがこの概念の正当性を強化したとはいえ，失業は，少なくとも部分的には，経済学者や社会改革家の論争から生まれた理念的構築物である（Walters 2000）。

社会的に構築された政策問題のもう一つの例は，依存というアイディアである。19世紀以来，依存はいくたびか意味を変えてきた（Fraser and Gordon 1994）。実際，フレイザーとゴードン（Fraser and Gordon 1994）のようなフェミニスト学者の主要な貢献は，カテゴリー間の不平等と政策問題の社会的構築が密接に関連していることに注目を促した点にある。例えば，依存というアイディアに関する彼女たちの歴史分析は，不平等のジェンダー差別的な形態と密接に関連している。アイディアに着目する政策変化の研究が増えているが，失業や依存といった主要概念や問題認識の系譜を明らかにする研究はその重要な例である。こうした研究をふまえると，ひとたび主要なアクターが自らの取り組むべき問題を特定し，選択可能な解決策の範囲を検討しさえすれば，変化は生じやすくなると考えられる。

68

政策パラダイム

　政策アイディアの主な役割の一つは，危機に気づいた政策決定者の認知的不確実性を軽減することであり，もっと一般的に言えば，特定の政策手段を用いて当面の問題を解決する方法についての一連の前提に根ざした改革構想を専門家や政治家に提供することである（Blyth 2002）。さらに言えば，危機はたんなる事実としてのみならず，それ以上に，社会的かつ理念的な構築物としても理解される。ブライスによれば，「ある状況を特定のアイディアによって「危機」だと診断することは，主体が認識する不確実性を，説明可能，管理可能，さらには行動可能なものにすべく構築することである」（Blyth 2002: 10）。安定期には，既存の制度的舞台設定がアクターの動員戦略や利害関心（つまり，何が自分たちにとってよいことだと考えるか）の定義づけに役立つ。しかし不確実性の高い時期には，支配的な制度枠組が弱まるので，政治的アクターはしばしば新しい政策アイディアを参照することで不確実性を克服し，自らの利害と戦略を再定義する。これらのアイディアは，いったん特定の制度的舞台設定に埋め込まれると「認知的固定装置」として機能し，長期にわたって政策制度を再生産する要因となる。全体として，アイディア構築過程は，危機の時期に限らず，アクターが特定の制度的・政治的舞台設定において自らの利害関心をいかに定義するかを理解するのに役立つ（Jenson 1989; Blyth 2002; Hay 2011）。

　政策パラダイムは，政策構想の設計と利害関心の構築において主要な役割を演じている。ピーター・ホールによれば，政策パラ

ダイムとは，「政策目標やその達成手段の種類だけでなく，取り組もうとする問題の性格をも指定するアイディアや基準の枠組」（Hall 1993: 279）である。パラダイムは，政治的アクターの目標や利害認識と，特定の問題に取り組むための具体的な政策手段とを明確に結びつけるものである。経済分野では，ケインズ主義やマネタリズム〔安定的な貨幣供給が経済成長をもたらすとする経済学説。需要管理を説くケインズ主義を否定〕が政策パラダイムの好例であり，当面の政策問題の解決方法をめぐる比較的首尾一貫した一揃いの前提である。一般に，主要な政策論争の背後にはそうしたパラダイムがある（Campbell 2004）。これらの経済パラダイムは，社会政策に直接の影響を及ぼす。例えば，第二次世界大戦後の時代には，ケインズ主義が先進工業社会における福祉国家の拡大を正当化するのに役立った。第5章で検討予定の社会的包摂や社会的投資といった概念を中心とする社会政策パラダイムは，新自由主義的な経済パラダイムと共存する場合もあれば対立する場合もある。

　社会政策や経済に関するパラダイムは，認知的ないし技術的な要素が強いが，競争力，平等，社会連帯といった規範的目標も規定している。ホール（Hall 1993）は，広く引用されているアイディアと政策変化に関する論文で，主要な政策アクターが持つ政策目標の序列が変化したときにのみパラダイムシフトが生じると論じている。ここでホールは，トーマス・クーンの科学的パラダイムに関する研究（Kuhn 1962）を引き合いに出し，一方の一次的および二次的変化と，他方の三次的変化とを明確に区別している。つまり，ホールによれば，パラダイムシフト（三次的変化）は，政策の展開に強い影響を及ぼしうるアクターの目標の変化をとも

なうものである。それとは対照的に，一次的および二次的変化では目標は変わらない。一次的変化は既存の政策手段の水準や設定だけを変更する場合であり，二次的変化は政策手段そのものを変更する場合である。例えば，社会政策の目標に大きな変化がない状況において，税率を引き上げるのは一次的変化であり，新たな税額控除を創設するのは二次的変化である。一次的および二次的変化は，「通常の政策決定」の事例，つまり「通常科学」のように，所与の政策パラダイムの用語体系に異議を唱えることなく政策を調整する過程の事例と見なすことができる。これに対して三次的変化は，「パラダイムシフト」にともなう政策言説の基本用語の根本的変化によって特徴づけられる，全く異なる過程を反映していると考えられる。一次的および二次的変化が既存の政策パターンを維持するものだとすれば，三次的変化は，もっと非連続な過程をともなうのが普通である（Hall 1993: 279）。

政策決定過程は純粋に技術的な事柄ではなく政治的な事柄なので，このような科学との類推には問題がある（Muller 2005）。さらに言えば，パラダイムという概念は，科学的に聞こえるだけでなく，専門家や政治家のいだく政策アイディアが首尾一貫した哲学的構築物であるかのように思わせるかもしれない。その意味で，政策パラダイムという概念は誤解を招く可能性がある。というのは，政策決定者は一般に，さまざまな典拠から借用しながら政策構想を立案することで具体的な社会経済問題に取り組んでいるからである。実のところ，彼らの共有する政策前提は，首尾一貫したパラダイムの形を取っているとは限らないのだ（Carstensen 2011; Wincott 2011）。

フレーミング過程

アイディア構築の力は、「既存の制度的編成とそこで規定されている分配パターンに主体が異議を申し立てる」（Blyth 2001: 4）際の政治的武器となりうる。そうした政治的・言説的武器は、アイディア研究者が戦略的フレーミングと考えるものにほぼ対応している（Béland 2005b; 別の見方として、Schön and Rein 1994, および Somers and Block 2005 を参照）。既存の文化的・象徴的レパートリーをふまえた言説フレームは、「キャッチフレーズ、選挙演説、報道発表、そのほか文字通りの公式声明など、政策案に対する国民の支持を集めるためになされる政策決定者や補佐官の公式発表のなかに典型的に現われる」（Campbell 1998: 394）。ただし、社会運動研究が示唆するように、戦略的フレーミングに関与するアクターはプロの政治家だけではない（Benford and Snow 2000）。戦略的フレームはほとんどの政治闘争に付きものであり、これらのフレームとそれを使用するアクター間の競争は、タスリーム・パダムゼ（Padamsee 2009）が、いつ何時でも社会に存在する「言説の多様性」と呼ぶものである。

政治や政策変化におけるイデオロギー的・文化的フレームの役割を具体的に理解するためには、次の3つの用法を参照するとよいだろう。第一に、フレームは、特定の政治的アクターが他の人々に対して政策変化の必要性を説得するために用いる公共的言説の形を取りうる。これは、政治学者ロバート・H・コックスが「改革必要性の社会的構築」と呼ぶものである。

ある政治的環境において改革の提唱者は，懐疑論を打ち負か
　　し，改革の重要性について他者を説き伏せるための戦略を採
　　用する必要がある。言い換えれば，彼らは，福祉国家に対す
　　る社会の見方を変えるようなフレームを作り上げなければな
　　らない。というのは，そうすることが改革の実行に必要な
　　「道筋をつける」ことだからである。(Cox 2001: 475)

　つまり言説フレームは，政治的アクターや一般大衆に対して，
既存の政策遺産には欠陥があり，認識された問題を解決するには
大規模な改革の実施が必要だと説得するのに役立つということで
ある。例えば新しい社会制度を作ろうとするアクターは，大衆に
対して，その制度が正当であり不可欠でさえあると説得する必要
がある。
　第二に，フレームは，政治的アクターが他の集団や個人に対し
て，変化のための具体的提案や構想を支持する連合に加わるよう
説得するのに役立つ。上述のように，アイディア構築過程は，利
害関心の構築と政策目標の順位づけに関わっている。したがって，
政治的アクターは戦略的フレームや政治的言説を用いて，他のア
クターが自分たちの利害を捉える仕方や，共通の政策目標に共感
する仕方に影響を及ぼすことができる。この見地からすると，政
策論争とは主に利害，政策目標，アイデンティティの構築に関わ
るものであり，それなくして政治的連合はほとんど存続できない。
主要な政治的アクター間の具体的な見返りのやりとりが連合形成
の主な側面ではあるが (Bonoli 2000)，フレームは，具体的な政
策代替案を大衆に売り込み，その案を核としてもっと強い連合を
形成するのに役立つことがある。一方では，政治家は「自分たち

の支持基盤に語りかけ」，自らの奉じる施策はわれわれのイデオロギー的一般原則に合致しており，われわれの従来の連合を強化するものだと主張することができる。他方では，曖昧な政策アイディアや提案によって，複合的な施策を支持することに利益があると多くの異なるアクターに信じさせることで，一見逆説的な連合が形成される可能性もある（Palier 2005）。例えば連帯という概念は，腕利きの政策起業家（Kingdon 1984）がフレーミングすれば，複数の異なる支持層にアピールするほど幅広いものになる。連帯は古典的概念だが（第1章参照），今日なお魅力的な「連合磁石」〔複数の政治勢力を引きつける政策アイディア〕（Béland and Cox 2016）になりうる正の誘意性を備えている。

　第三に，フレーミング過程を用いることで，政治的アクターは自らの奉じる政策代替案に向けられた批判を打ち消すことができる。言説的な非難回避戦略（Weaver 1986）にはさまざまな形態がある。例えば官僚は，失業率の上昇を景気循環のせいにして，自分たちの決定が否定的状況を生み出したわけではないのだと大衆を説得することができる。政策決定者は，広く受け入れられている政治的象徴や政策パラダイムから実際には逸脱しているのに，そこから注意をそらすような仕方で政策代替案を組み立てることもできる。例えばスウェーデンの政治家は，1980年代以降，旧来の社会民主主義の理想より新自由主義に近づくような社会政策の変化を，社会民主主義を引き合いに出すことで正当化してきた（Cox 2004）。こうした非難回避のフレームは，政治的アクターが自らの提案を批判から守るために用いるもので，予防的な要素を持っている。スウェーデンの事例では，政治家は，社会民主主義が国民的自尊心の主要な源泉になっていることを知っていたので，

社会民主主義のレトリックを活用したのである。

文化と言語

　アイディア構築過程と社会政策を研究する人々は，第2章で取り上げたレヴィーン（Levine 1988）のような学者に倣って，深く埋め込まれた文化的な前提やカテゴリーを分析することで政治行動と政策発展の両方を説明しようとしてきた（van Oorschot 2007）。例えば，ドイツの社会学者ビルギット・ファウ−エフィンガー（Pfau-Effinger 2005）は，各国間における経済的・政治的・社会的な秩序に関する文化的前提の違いが，国ごとの社会政策の大きな違いを説明すると主張している。彼女の考えでは，ある国において支配的な文化的価値観や理想は，「福祉国家が取りうる政策の範囲を限定する」（Pfau-Effinger 2005: 4）。ブライアン・スティーンズランド（Steensland 2008）は，米国の福祉改革に関する研究で同様の文化主義的視角を採用し，米国社会に行き渡っている文化的前提の政治的な重みが，変革をもたらす可能性のあった1970年代の公的扶助改革の立法を阻んだことを明らかにしている。

　深く歴史に埋め込まれた文化的カテゴリーは私たちが社会政策について話す際に用いる言語そのものの根底にあるので，社会政策の概念と言語に関する比較史を研究することは非常に有効である（Béland and Petersen 2014）。例えば，「福祉」や「福祉国家」といった用語がある国では人気があるのに他の国では論争を呼んできたことや，社会政策の問題や制度を定義するために用いられる特定の概念が時代によっていかに異なる意味を持つかを探究す

ることは，多くの洞察をもたらす。例えば米国では長らく，「福祉」という言葉は，公的扶助によって生み出されたり悪化したりするように見える依存や多くの社会問題と結びついた蔑称だった（Fraser and Gordon 1994; Steensland 2008）。

　米国において支配的な福祉観は，AFDC（要扶養児童家庭扶助）という特定の社会保障制度の歴史と結びついている。この制度は次第に，ジェンダー差別的で人種差別的な偏見と結びついた依存の象徴となった。歴史家マイケル・カッツによれば，過去には肯定的な意味を持っていたこの言葉は，1960年代以降，「主に未婚の母親，それも有色人種の若い女性に与えられる公的扶助の別名」（Katz 2008: 1）になってしまった。このような文脈において「福祉」という言葉は，長らくジェンダー差別的で人種差別的なカテゴリーと重ねられてきた「依存」と同義になってしまった（Fraser and Gordon 1994; Steensland 2008）。1996年，国家への「依存」と戦うことを明確な目的として，AFDC は廃止され，ほとんどの受給者に厳しい期限を課す新しい「福祉」制度〔TANF，貧困家庭一時扶助〕に置き換えられた（Béland and Waddan 2012）。

　この例にとどまらず，第5章で取り上げる社会的排除，新しい社会的リスク，社会的投資といった概念の議論では，社会政策の問題や解決策について話す際に用いる言葉に注意を払うことの重要性がさらに強調される。社会政策言語の体系的研究が始まったのは比較的最近だが，問題定義の仕方や使用する専門用語への注目を社会政策研究の本流に組み込むべきなのは明らかである（Béland and Petersen 2014）。

アイディア，制度，社会政策の変化

アイディアは文脈のなかでしか意味をなさない。だからこそ社会政策学者は，アイディア構築過程が，構造的要因や制度的論理といった他の潜在的な説明変数とどのように相互作用するかに細心の注意を払う（Campbell 2004; Parsons 2007）。アイディアと社会政策に関する研究では，例えば政策変化の過程におけるアイディアと制度の相互作用について多くのことが論じられてきた。この点で特によく知られているのはヴィヴィアン・シュミット（Schmidt 2002, 2011）による言説的制度論の研究であり，さまざまな種類の改革言説が特定の政治制度といかに関連しているかに焦点を当てている。英国のような単一アクターシステムでは，選挙で選ばれた議員が政策決定の主体であり，大衆に対して政権を支持するよう説得することを目的とした「コミュニケーション的言説」が優勢になる特徴がある。他方，ドイツのような多元アクターシステムでは，社会保障制度を改革するには，選挙で選ばれた議員は経営者や労働組合などのアクターとの合意を求めなければならず，意味ある政策変化を実現するためにプレーヤー間で行動を調整すべく提携を結ぶことを目的とした「調整的言説」が優勢になる（Schmidt 2002）。

このような政治的言説の研究方法は，ミシェル・フーコー（Foucault 1980）や彼の統治性アプローチを採用する人々のそれとは全く異なる。フーコー学派は，今日の福祉国家の要素である監視技術とともに，貧困層だけでなくすべての人々を統治する言説規律権力〔正しい語り方を定め，別の語り方を不可能にする権力〕

に焦点を当てている。したがって彼らの考え方からすれば，福祉国家の発展は進歩ではなく，ますます洗練されていく社会制御の形態を連想させるものである（Dean 1996: 79; 優れた概説としてLister（2010）の4章を参照）。

　制度がアイディアと相互作用するもう一つの形は，既存の政策遺産が，変化を実現しにくくする持続的な文化的・イデオロギー的カテゴリーを備えている場合である。これは政策立案者が，過去の不人気政策と結びついたカテゴリーや言語を用いて新たな政策案を組み立てるからである（Steensland 2008）。過去のアイディアは制度に埋め込まれており，時とともに安定を促進する傾向がある（Béland and Cox 2011）。しかしながら，人口や経済の状況が変化するなかで負のフィードバック効果が働き，既存の政策が時とともに弱体化することもありうる。これに当てはまるのが，有利な人口条件のもとで作られた年金制度が人口条件の悪化にともなって大きな内在的問題に直面し，政策変化への圧力を生む事例である（Weaver 2010）。

　社会政策におけるアイディアは政策の安定を促進することもあるが，アイディアが結果に違いをもたらすことを強調する福祉国家研究の大半は，アイディアが政策変化をもたらす役割を演じる可能性を強調している。そうした変化は，突然のパラダイムシフト（Hall 1993）の形を取ることもあれば，併設（古い政策と並行して新しい政策が導入される場合），転用（古い政策が新しい意味を持つように組み立て直される場合），漂流（新しい社会経済的動向が古い政策の影響と意味を変える場合）といった，漸進的でありながら変革的なパターンを取ることもある。これらの概念を開発したハッカー（Hacker 2004）やキャスリーン・セレン（Thelen 2004; Streeck

and Thelen 2005a や Mahoney and Thelen 2009 も参照）は，それがア
イディア構築過程と強く関連しているとは考えていない。しかし
ながら，併設が既存の政策制度に挑戦する新しい政策アイディア
の実施を意味し，転用が主にフレーミング過程に関連しており，
漂流が経済的前提の変化に関連していることは明らかである。漂
流は，雇用主の行動を既存の社会保障制度と衝突するような新し
い方向へと駆り立てるかもしれない。このため，こうした漸進的
でありながら変革的な社会政策の変化の形態を把握するには，明
らかに政策アイディアとそれを策定し実行するアクターに注目す
る必要がある（Béland and Waddan 2012）。

結　論

　アイディアは社会政策の変化というパズルの一部に過ぎず，ア
イディア構築過程はしばしば経済変化，政治制度，経営者や労働
組合の政治力などの要因と相互作用して政策の道筋を方向づけ，
福祉国家の安定や変化をもたらす。このような考え方からすると，
アイディアの役割を研究することは，アイディアだけに焦点を当
てることではない。しかしながら，社会政策の変化に関する進行
中の議論の中心にこれらの要因を持ち込み，複数の要因が時とと
もにさまざまな影響を及ぼすことを説明しようとするのは正当で
ある。アイディアはこれらの要因の一つに過ぎないが，上述のよ
うにさまざまな形で重要な意味を持ちうるので注目すべきである。

註────────────
1)　以下の各節は，主に Béland（2009）から引用している。

第5章

社会的排除，新しい社会的リスク，社会的投資

　第4章では，変化し続ける社会政策言語の核となる主要概念を適切に定義し，その展開を跡づける必要があると強調した。本章では，今日の社会政策論争の中心となっている3つの概念，すなわち，社会的排除，新しい社会的リスク，社会的投資，に焦点を当てる。最初の2つの概念は福祉国家が適応すべき新たな課題の輪郭を示そうとするものだが，最後の社会的投資は，1970年代後半ないし1980年代初頭から自由放任の市場経済政策を称賛してきた新自由主義が突きつける課題に応えて，社会政策と経済政策の関係を組み立て直そうとするものである。本章の主な目的は，これら3つの概念の展開を跡づけ，今日の社会政策の言説と研究におけるそれらの位置づけを批判的に検討することである。第1節では社会的排除，第2節では新しい社会的リスク，第3節では社会的投資を扱う。社会的投資は，世界の社会保障の未来に関する近年の国際的議論において最も有力になった概念の一つである。

社会的排除

　社会的排除という概念は，政策言説のなかで 20 年以上にわたって広く使われてきており，たんなる学術的構築物ではない。その間，この概念は多くの異なる意味を帯びるようになった（Silver 1994, 2015; Hills et al. 2002; Gallie et al. 2003; Silver and Miller 2003; Béland 2007）。そうした多義的概念は，自らの政策案への支持を集めたい政策起業家によって，党派間の連合形成を目的として使われる傾向が強い（Palier 2005）。社会政策上の概念を論じる際にはその国際的普及が検討課題になることが多いが（Béland and Petersen 2014），社会的排除という概念の意味を理解するには，その前に歴史的展開から始めることが有用である。

　社会的排除の概念はフランスで最初に誕生した。フランスは，ほぼ 30 年にわたる経済的繁栄と同時に進んだ戦後福祉国家の拡大が，1973 年の石油危機とその後のスタグフレーションで幕を閉じた国の一つである[1]。この概念は，30 年にわたる繁栄の最後の 10 年間に学術的言説のなかに初めて現われた[2]。用語としてはすでに 1965 年に登場していたが（Klanfer 1965），ルネ・ルノワールの 1974 年の著書に起源を求めるのが通例である（Frétigné 1999）。

　最初にフランスで，後には他の国でも，長期失業が蔓延し人種差別や他の差別への懸念が高まるなかで，社会的排除は，社会統合の欠如や労働市場のアクセスしにくさに起因するとされた。失業と社会的孤立の間には強い関連がないことを示す証拠もあるが（Gallie et al. 2003），フランスでは，長期失業のもたらす社会的排

除は社会秩序に対する重大な脅威だとする信念が，郊外の貧困地区に関する言説のなかで特に目立っている。郊外の地理的孤立は，フランスが分断社会の出現を経験しつつあるという認識をいくらか強めた。この認識は，フランスの共和政治の伝統の中核をなす連帯と社会統合の普遍主義モデルと相容れないものだった（Silver 1994; Béland and Hansen 2000）。経済問題や都市問題が民族間の緊張を高め，アフリカ系住民の一部はますます取り残されていくように感じていた。それと同時に，極右政党である国民戦線[3]の台頭に煽られて，否定的なステレオタイプが一般市民に浸透していった（Schain 2008: 75）。

1980 年代半ばから後半にかけて，社会的排除の概念は，フランスだけでなく他の欧州諸国にも広まっていった。当時，欧州委員長だったジャック・ドロールは，欧州統合における「社会的次元」の強化を提唱した。フランスの経済学者であり政治家だったドロールは明らかに社会的排除の概念の影響を受けており，政策起業家として，欧州委員長の立場を利用してこの概念を売り込み，いわゆる「社会的欧州」を追求したのである（Mahon 2002: 362）。1990 年にはこのような努力が実を結び，「社会的排除と戦う欧州政策観測拠点」が設立された（Leney 1999: 38）。こうして社会的排除との戦いは，フランスでもそうだったように純粋な学問的言説の範囲を越え，徐々に欧州的な政策構想となった（Béland 2007）。2000 年にリスボンとニースで開かれた欧州理事会では社会的排除との戦いの公約が強化され，それはとりわけ雇用政策に関連して欧州の社会福祉課題の主要項目となった（Begg and Berghman 2002; van Berkel and Hornemann Møller 2002）。「排除との戦い」はこうして EU（欧州連合）の「開かれた政策調整方法」[4]の

慣行に組み込まれ，EU や他の欧州機関によってこの話題に関する大量の報告書が作成されてきた（Fernández de la Hoz 2001; ECORYS 2011）。

社会的排除は，多くの欧州諸国でも急速に中心的政策概念となった。例えば英国では「第三の道」の出現，具体的には 1997 年の選挙における新しい労働党の勝利によって，社会的排除の問題が政策課題の中心に押し上げられた（Levitas 1999 [2005]）。社会的排除の概念はその後，世界銀行などの機関に採用されたこともあって（World Bank 2013），世界中に広まっていった。

社会的排除の概念は，世界中に伝播するうちにさまざまなニュアンスを帯びるようになったが，少なくとも 2 つの点で，貧困など他の概念から区別される（Béland 2007）。第一に，社会的排除は社会的不利の多面的な性格を強調する。社会的不利は，差別，機会の欠如，長期失業などの問題に直面する人々の個人史に埋め込まれている（Goguel d'Allondans 2003: 43）。第二に，社会的排除はおおむね，所得不平等や社会階層に関連した垂直的アプローチよりも，水平的・空間的モデルに基づいている。この視角から見ると，人々は，所得分配の尺度上を「上がったり」「下がったり」するだけでなく，主流の経済や社会の「中」にいたり「外」にいたりするのだ。こうした見方の結果，所得不平等は周辺的な政策課題に転落する可能性がある（Béland 2007）。少なくとも，ブレア時代の英国で社会的排除が「第三の道」アプローチの一部となった際には，社会的包摂の探求は，純正な社会保障受給権を終了させた退行的アクティベーション〔職業訓練への参加を失業手当受給の条件とする政策〕の推進に味方した（Dwyer 2004）[5]。社会的排除のこのような解釈は，穏健派の新自由主義と両立するものであ

る。彼らは，政府は社会的剝奪とは戦うべきだが，経済的繁栄の必須条件とされる所得不平等とは戦うべきでないと考えているのだ（Béland 2007）。

とはいえ，社会的排除の概念は，貧困や所得不平等といった概念と組み合わせて厳密に用いれば，社会政策学者に社会学的洞察力を与えてくれる可能性がある。しかし，社会政策言語に関する研究が教えるように，社会政策の概念には複数の意味があり，それをめぐって政治の場で争われるのが常である（Béland and Petersen 2014）。例えば，社会的排除は，社会保護の革新的な方式を正当化する進歩的概念として用いられることもあれば，説教くさいアクティベーションを正当化する保守的概念として用いられることもある（Levitas 1999［2005］）。社会的排除のような主流の政治的言説の中心にある社会政策概念を用いる学者には，それによって何が言いたいのかを厳密に定義する慎重さが特に求められる（Béland 2007）。

▎新しい社会的リスク

新しい社会的リスクという概念は，社会的排除よりも新しい（Esping-Andersen 2002; Taylor-Gooby 2004; Bonoli 2005; Armingeon and Bonoli 2006; Hacker 2006）。例えば，Google Scholar で「社会的排除」を検索すると 28 万 5000 件以上ヒットするが，「新しい社会的リスク」を検索しても 3200 件しかヒットしない[6]。新しい社会的リスクは，社会的排除に比べると純粋に学術的な概念であり，政治家や政策担当者より学者や政策研究者に人気がある。その意味も社会的排除より広く，もっと幅広い傾向や過程を指し

示している。

つまり，新しい社会的リスクの概念は，近い将来の社会政策の変化を方向づけそうな，進行中のさまざまな社会的・経済的傾向をまとめた包括的概念である（Bonoli 2005）。ピーター・テイラー－グッビーは画期的な著作のなかで，新しい社会的リスクを「ポスト工業社会への移行にともなう経済的・社会的変化の結果として，人々が生活のなかで直面するリスク」（Taylor-Gooby 2004: 2）と定義している。テイラー－グッビーによれば，新しい社会的リスクは以下の 4 つの主要な展開の結果として生じる（Taylor-Gooby 2004: 3）。

（1）女性がこれまで以上に有償労働に就くようになり，仕事と家族生活の両立が難しくなっていること。特に技能の低い女性にとってはそうである。（2）「高齢者の人数と割合の増加」が，医療や介護の需要増加につながっていること。（3）労働市場の変化によって「教育と雇用の結びつき」が強まった結果，「学歴の低い人々の社会的排除リスク」が高まっていること。（4）社会サービスの絶えざる民営化の結果，「市民－消費者が下手な選択をした場合や，民間サービス基準の規制が有効でない場合には，新たなリスクが生じる可能性がある」こと。これらの新しい社会的リスクの程度や性格は，国によって大きく異なる。例えば，安価な公的保育サービスが不足している地中海諸国に比べて，社会民主主義レジームでは，ワークライフバランス関連のリスクを軽減しやすい状況にある（Taylor-Gooby 2004）。

ジュリアーノ・ボノーリ（Bonoli 2005）によれば，新しい社会的リスクは，まさにそれに対応する新しい社会保障制度を作らなければならないという圧力を福祉国家にかける。ただし，ボノー

リが示唆するように，新しい社会的リスクがそれに対応する革新的政策を自動的に生み出すわけではない。そのような政策は，戦後数十年間に発展した社会保障制度の主要な受益者である産業労働者階級には支持されないかもしれない。一方，新しい政策の恩恵を受けるはずの人々は，若者・非熟練労働者・女性など多様な集団からなっている。ボノーリの主張によれば，これらの集団は限られた権力資源しか持たないことが多いが，彼らの利害が雇用主の利害と一致する場合には，上述の新しい社会的リスクから労働者を保護する政策を政府が制定する可能性はずっと高まるという。

　つまり，新しい社会的リスクに関する研究が伝える重要なメッセージは，経済的・社会的・人口学的に変化する状況に福祉国家が適応しようとしているということである。新しい社会的リスクのうちいくつかは実際には「新しい」わけではないとしても，こうした研究は，急速に変化する世界のなかで学者や政策決定者が直視すべき重要な傾向を言い当てている。同時に，失業や高齢者の貧困などの古い社会的リスクは，依然として大きな心配の種である（Jenson 2004）。言い換えれば，今日の福祉国家は，新旧両方の課題に同時に取り組む必要がある（Béland 2010a）。そうした努力がなされない場合，政策の漂流は，市民・労働者・家族に極めて有害な帰結をもたらす可能性がある（Hacker 2006）。

社会的投資

　学界内外で広く議論されている社会的投資は，社会保障制度に新たな経済的正当性を見いだす手段とも言える社会政策概念であ

る（Esping-Andersen 2002; Jenson 2009, 2010; Morel et al. 2012b; Mahon 2013）。1930 年代から 1970 年代にかけて，ケインズ主義の政策パラダイムは，社会保障制度に強力な経済的正当化の論拠を提供した。というのは，社会保障制度は経済調整において積極的な役割を果たしており，とりわけ不況時には社会保障給付が消費の下支えに役立つと考えられたからである。社会保障制度に対するこうした見方は，1973 年の石油危機と，英国のマーガレット・サッチャーや米国のロナルド・レーガンの選挙戦勝利に始まる新自由主義の台頭をきっかけに変化し始めた。新しい経済的・政治的文脈においては，レーガン大統領の有名な言葉にあるように，政府は問題となり，社会支出は経済の重荷，繁栄と均衡予算に対する妨害と考えられるようになった。新自由主義は，実際に福祉国家を解体するには至らなかったが（Pierson 1994），経済学者や彼らが助言する政治家の間で福祉国家への支持を失墜させた（Blyth 2002）。

　1990 年代半ばに世界の政策舞台に登場した社会政策概念である社会的投資は，経済的繁栄と社会保障制度の関係について，新自由主義に代わる考え方を提供しようとしている（Jenson 2009）。従来の新自由主義者が社会保障制度を経済にかかる純然たるコストとして扱うのと異なり，社会的投資は，いわゆる知識社会においては，人的資本への投資（訓練と教育）や，誰でも利用できる保育サービスや幼児教育といった社会制度は経済に役立つものだと示唆している。例えば，無料ないし安価な保育サービスへのアクセスは，ジェンダー平等のような社会的目標に寄与すると同時に，人口高齢化の加速で労働力不足が生じている時代にあって女性の労働参加を増進するという利点もある（Esping-Andersen

2002)。社会的投資の推進者によると，非常に大まかに言えば，幼児教育や，就業を促進し技能水準を高める社会制度は社会と経済の両方によいので，二兎を追うことは可能なのだ。モレルら（Morel et al. 2012b）が主張するように，社会的投資は，経済成長と社会的ウェルビーイングの間にポジティブサムゲーム〔双方が得をするゲーム〕を成立させる言説によって新自由主義に対抗しようとしている。しかし，社会的投資は新自由主義の延長線上にあり，新自由主義に代わるものではない，と見る人々もいる（Craig and Porter 2004; この論争については Mahon（2013）を参照）。社会的投資は，社会的排除と同じく，明らかにイデオロギー的に曖昧な概念であり，人によって意味が異なる（曖昧性については Palier（2005）を参照）。

ジェンソンが指摘するように，「社会的投資の考え方の新しさの一つは，ジェンダー格差状況や仕事と家族生活のジェンダー不平等効果に関するアイディアがこの政策言説の最大関心事であることだ」（Jenson 2009: 448）。社会的投資は旧来のジェンダー役割に異議を唱え，女性の労働市場参加を促進し，保育サービスへの公的投資拡大を正当化するものなので，ジェンソンのようなフェミニスト学者が，学界内外で社会的投資の考え方の宣伝に大きな役割を果たしてきた。ところが，社会的投資の考え方の最も有名な提唱者の一人であるエスピン - アンデルセン（Esping-Andersen 2002, 2009）は，フェミニストの社会政策研究にほとんど注意を払っていない。これは特別な状況ではない。最大の理由として，子ども中心アプローチの社会的投資では，ジェンダー平等の問題は脇に置かれる傾向があるからである（Jenson 2009）。

社会的投資の概念は新しいものだが，おそらく戦後スウェーデ

ンの経済社会政策モデルに原型の一つを見いだせる。実際，モレルらは，その起源をアルヴァ・ミュルダールとグンナー・ミュルダールのアイディアに求めている。ミュルダール夫妻は 1930 年代に，「生産と再生産の効率的編成をめざし，社会政策をコストではなく投資と見なす，新しい社会政策の考え方」を打ち出した（Morel et al. 2012b: 3）。そうした投資は，保育サービス・教育・医療の十分な供給を確保するための公的支出の形を取り，国民全体の生活の質を向上させるだろう。これにレーン - メイドナー経済政策モデル〔スウェーデン労働総同盟のエコノミストだったレーンとメイドナーが 1951 年に発表した戦略〕が追加された。このモデルは，積極的労働市場政策と連帯主義的賃金交渉を組み合わせることで，経済構造の刷新を促しつつ，離職者が新たな仕事に就けるように訓練を提供するものだった（Martin 1979; Bonoli 2012: 189）。もっとも，このモデルには，積極的労働市場政策による人的資本投資だけでなく，失業保険などの社会保障制度を通した人的資本投資の維持に対する援助も含まれていたのだが（Morel et al. 2012b: 4）。

　社会的排除と同じく，社会的投資が北欧起源を越えてグローバルな政策構想になったことに注意すべきである。社会的投資の考え方の諸要素は，EU からラテンアメリカまで，さまざまな地域で取り入れられてきた（Jenson 2010）。OECD（経済協力開発機構）などの国際機関が政策アイディアとしての社会的投資のグローバルな普及に重要な役割を果たしてきたことについては，第 8 章で取り上げる。OECD の社会政策部門は，1970 年代の石油危機をきっかけにこの概念を研究し始め，1990 年代後半以降，この概念の強力な提唱者として活動してきた（Mahon 2014）。マホン（Mahon 2013）が示唆しているように，OECD の社会的投資言説

には，大まかに2つの競合する解釈がある。一つは新自由主義的経済政策と両立するものであり，もう一つはもっと野心的で普遍主義的な性格を持った社会民主主義アプローチをよしとするものである。

　この例からわかるように，社会的投資の概念は，社会的排除の概念と同じく，異なる支持層に対して異なる意味と魅力を持ちうる。言い換えれば，こうした多義性ゆえに，これらの概念は魅力的な連合形成の手段となりうるのだ（Palier 2005; Jenson 2010; Béland and Cox 2016）。こうした曖昧性は，政治的には好都合かもしれないが，政策や学問の立場から見ると問題がある。政策について言えば，曖昧な目的から効果的な政策が生まれることはほとんどない。さらに重要なのは，目的が明確でないと政策評価（一般に，既存の制度が目標を達成したか否かを査定すること）がややこしくなることである（Mossberger and Wolman 2003: 433）。したがって，社会的投資や本章で取り上げたその他の概念を扱う際には，社会政策学者は，自らの概念を明確で経験的根拠のあるものにし，政治的・イデオロギー的なごまかしに簡単に引っかからないようにする必要がある（Béland and Petersen 2014）。

結　論

　主要な社会政策概念とその政治的解釈の変化に注目し，その国際的普及を追跡することは，社会政策研究の大事な構成要素である（Béland and Petersen 2014）。本章では，比較的新しい3つの社会政策概念の展開について論じた。社会的排除と社会的投資は，明らかにグローバルな概念であり，学界内外で広く使われてきた。

新しい社会的リスクは，学界で使われることのほうが多いが，人口学的・経済的・社会的条件の変化が福祉国家にいかに影響を及ぼすかを考えさせる概念である。この意味で，新しい社会的リスクの研究方法は，第2章で論じた産業化論の命題と似ている。しかし，ボノーリ（Bonoli 2005）が示唆するように，新しい社会的リスクがいかにして社会政策の変化をもたらすかを探究しようとするなら，政治を度外視することはできない。なぜなら社会政策の変化は，集合行為や連合形成，何よりも国家の役割をめぐる権力闘争によってもたらされるからである。社会的排除や社会的投資となると，さらに政治が前面に出てくる。先進国と途上国とを問わず多くの国で，各国政府やEU，OECD，世界銀行などの国際機関が，政策変化を起こすための掛け声としてこれら2つの概念を使用してきたからである（Béland 2007; Jenson 2010; Mahon 2013）。

　社会政策の概念は政治的構築物でもあり，現実と学術研究を枠づけるだけでなく，福祉国家の変化に不可欠な，政治的議題設定の過程の方向づけにも関わっている。これは，コックス（Cox 2001）が「改革必要性の社会的構築」と呼ぶものを通して行なわれる。社会的排除や社会的投資といった概念は，これまでと同じく今後おそらく何十年にもわたって，「誰が何をいつどのように得るか」（Lasswell 1936）をめぐる主要な政策論争において直接的な役割を果たし続けるだろう。

註—————————————
1)　本節では，Béland（2009）を引用している。
2)　フランスにおける排除のアイディアの歴史については，Goguel d'Allondans（2003）と Silver（1994）を参照。

3) 国民戦線については，Goodliffe（2012）を参照。

4) 開かれた政策調整方法とは，「加盟国の部分的ないし完全な権限下にある政策分野で，ベストプラクティスを広め，EU 目標に向けた収斂を達成することをめざすソフトガバナンスの方法である」（European Parliament 2014: 1）。

5) 社会的排除に関する言説が，所得格差全般，特に中流階級と上流階級の間の所得格差への関心の低下と関連しているという見解については，Hills（2004）を参照。

6) これら 3 つの概念のうち最後の社会的投資は，学術的言説のなかで新しい社会的リスクよりもずっと広く使われているが，比較的古い概念である社会的排除に比べると使われておらず，Google Scholar におけるヒット数は約 4 万 1000 件である。これらのオンライン検索は，2015 年 2 月に Google Scholar のオンラインポータル（http://scholar.google.com）を用いて行なった。

第 **6** 章

福祉レジームが輪郭を与える
ジェンダー規範の変化

　前世紀の終わりに近づくと，戦後の福祉国家レジームを支えた
性別役割分業規範は，ますます圧力に晒されるようになった。工
業品生産からサービス中心の経済への移行にともなって女性の雇
用機会が増加したちょうどその時期に，労働市場の規制緩和の進
展によって，男性が稼ぎ手の役割を果たすに足る収入を得ること
が一層困難になったのである。人口の推移（つまり出生率低下と人
口高齢化）も，第5章で論じた新しい社会政策のアイディアに信
憑性を与えることになった。同じくらい重要なことだが，第二波
フェミニズムが女性の「経済的機会の平等」を主張し，「国連女
性のための10年」がジェンダー平等をグローバルな規範とする
のに役立った。これらの出来事があいまって，一連の「母性主義
との訣別」（Orloff 2006）と「共稼ぎ家族規範」の到来を促したの
である。福祉国家はこうした課題にどのように対応してきたのか。
また，いかなる要因が国家の対応を方向づけたのか。ジェンダー

平等だけでなく，人種・エスニシティ，および階級の平等への寄与という観点から，各種の政策対応をどのように評価するのが最も適切だろうか。

　本章ではまず，「脱家族化」概念について批判的に再考する。これは政策変化の取りうる（潜在的）方向性を捉えるための概念で，リスター（Lister 1994）らフェミニストによって作られ，エスピン‐アンデルセン（Esping-Andersen 1999）によって広められた。この概念を用いることは，政策変化がジェンダー平等にもたらす影響も含めた複雑性を把握するのに最適な方法だろうか。その次の節では，家族形態の変化という課題への対応が，どの程度まで既存の福祉レジームの構造によって規定されているかを問う。つまり，経路依存性はどれほど重要なのだろうか。北欧の社会民主主義レジームは脱家族化とジェンダー平等の「パイオニア」とされる一方，保守主義レジームでは，根底にある家族主義がそうした課題への対応を妨げていると言われてきた。保守主義レジーム諸国は，本当に「凍結」されているのだろうか。そうでないとすれば，何が経路転換的変化の推進力なのだろうか。最後の節では，社会政策の新たな主要研究分野の一つを紹介する。それは国境を越えた「ケアの連鎖」の出現であり，豊かな国の家庭や施設で幼児・病人・虚弱高齢者の世話をするために南（ないし東）の比較的貧しい地域からやってくる，ケア労働者の移動に関わっている。

脱家族化？

福祉国家研究者がジェンダー規範の変化の性格と程度を捉えよ

うとする際の方法の一つは，エスピン – アンデルセン（Esping-Andersen 1999）が広めた「脱家族化」概念を用いることである。エスピン – アンデルセンによれば，脱家族化は，「個人の家族への依存を軽減し，家族的ないし婚姻上の互酬性とは独立に，個人が最大限自由に経済的資源を利用できるようにする」社会政策を見分けるために考案された概念である（Esping-Andersen 1999: 45）。オルロフが指摘するように（Orloff 2009: 320, 註 6），この定義では，この用語を最初に作ったフェミニスト学者たちの批判的な切れ味が失われている。フェミニストによれば，脱家族化は，男女のパワーバランス，「つまり家族的ないしケア関係的編成への参加条件」（Lister 1994: 29）を変えるために政策がどれほど寄与しているか，を捉えようとする概念だった。このフェミニストによる定義は，男女の権力関係に注目するだけでなく，ケアという重要な仕事を誰がどのような条件で担うのかを強調するものである。実際，ジェンソン（Jenson 1997）やデイリーとルイス（Daly and Lewis 2000）らのフェミニストにとって，「ケア」は福祉国家再設計の方向性を理論化する試みの中心にあるべきものなのだ。

　もっと広く見れば，エスピン – アンデルセンによる脱家族化の定義の核心は，両親の雇用を奨励し支援する政策によって促進される「個人化」の過程であり，その際，家族ではなく個人を有効な単位とするための税制や社会保障制度の改革によって共稼ぎ家族を作り出すことである。このように解釈すれば，脱家族化は，女性の商品化（女性を労働市場参加者とすること），および以前は家庭内のケア義務だったものの商品化（あるいは少なくとも貨幣化）の中心に位置づけられる。なるほど，オコナー（O'Connor 1993）やオルロフ（Orloff 1993a）といったフェミニストたちの批判によ

れば，エスピン－アンデルセンは女性の有償労働参加が家族内における男性への依存や従属を軽減する可能性を見落としているとのことだった。しかしながら，エスピン－アンデルセンの私淑するポランニによれば，家族は，労働を「埋め込む」べき互酬関係ネットワークの一部をなすものである。そうした支援ネットワークがなければ，労働はたんなる商品になってしまう。それにまた，脱家族化は，シングルマザーの受給権の削減や解消を通して，従来なら受けられた保護を女性から奪いかねない。一方，ケアにかかった期間の年金保険料免除といった「家族化」する制度は，ケア労働を脱商品化する（Daly 2011: 9）。要するに，脱家族化の過程にともなう事柄をもっと注意深く調べる必要がある。

　確かに国家（もしくは民間非営利部門や市場）はこれまで女性の（無償）労働によって供給されていた機能の一部を引き継いで代わりのサービスを提供できるが，それもある程度までに過ぎない。サラチェーノとケック（Saraceno and Keck 2010: 677）が主張するように，脱家族化は決して完全ではありえず，「家族や世代間の責任感や連帯感と正反対」のものでもない。言い換えれば，家族ないし世帯という考え方は，一連の機能的編成より以上のものを含んでいる。デイリーとルイスが指摘するように，

　　社会カトリシズムの哲学〔自由放任と階級闘争に反対し家族と共同体を擁護するカトリックの考え方〕は，程度の差こそあれ，すべての南欧福祉国家の根底にある。それによれば，個人はさまざまな社会関係のなかにいかに埋め込まれているかによって定義されるが，ケアの授受は，そうした個人間の通常の互酬性の一部なのである。家族の連帯は，互いのために（現

金を提供するだけでなく）ケアをする用意があることとして理解されていた。（Daly and Lewis 2000: 290）

　この家族規範そのものは確かに家父長制家族における女性の従属を前提としているが，その一方でこの引用は，ケアの授受をめぐる重要な規範的枠組を強調している。さらには，ケア倫理の理論家が主張するように，ケア労働は大きな「商品化されない人間的要素」（Radin 1996: 105）を含んでおり，それに関わる人間関係によってなおさら複雑なものとなる。

　そこでフェミニストが要求したのは，ケアする人とされる人の間の「関係的自律」である。一方では，これはケアされる人の権利の尊重をともなう。他方で，ルイスによれば，

　　もしケアが普遍的な人間的必要であるなら，原則的にも実際の政策決定においても，誰もがそれを選択できるようにしなければならない。つまり，インフォーマルなケアには労働や消極的な「見守り」だけでなく感情や愛も含まれるのが普通なのだとすれば，政策は，センの言う「真の行為主体的自由」を人々が行使できるようにしなければならない。ケアの仕事を真に選択可能なものにしなければならないのだ。（Lewis 2008: 276）

　それを可能にするには，子どもや高齢者のケアのための（所得比例給付をともなう）休暇など，ケアを行なう決断に対する支援と，少なくとも部分的にはケアからの離脱を選択できる可能性（例えば，公的に提供ないし補助される保育サービスや介護サービスへのアク

セスによって）が必要である[1]。

　このような陰翳を増した見解は，ライトナー（Leitner 2003）やサラチェーノとケック（Saraceno and Keck 2010）が案出したモデルにも反映されている。ライトナーの類型論には「選択的家族主義」があり，「そこではサービスだけでなくケア支援政策も提供される。したがって，家族ケアは強化されるものの，ケア責任から（部分的に）解放される選択肢も与えられる」（Leitner 2003: 359）。サラチェーノとケックは3つの大まかな戦略を区別している（Saraceno and Keck 2010: 676）。第一は初期設定の家族主義であり，「家族ケアに代わる公的サービスもなく，家族ケアに対する財政的支援もない場合」である。第二は支援付家族主義であり，「政策が，通常は税制や有給休暇などによる金銭の移転を通して，（特定の）家族成員が扶養とケアの責任を果たし続けられるように支援する場合」である。第三は脱家族化であり，「社会権の個人化（例えば，最低所得給付，高等教育やケアを受ける権利に関して）によって家族の責任と依存が軽減される場合」である。サラチェーノとケック（Saraceno and Keck 2010）によれば，第二と第三の戦略を組み合わせることで共稼ぎ共ケア規範を支える最良の編成を提供できるが，それは親たちに家族ケアを分担させるに足るだけのインセンティブが提供される場合に限られるという。

　新たな共稼ぎ家族の研究によって家族の性格に関する一連の重要な変化が明らかにされているが，フェミニストは，有償労働の世界における男女平等だけでなく，家族内無償労働の分担における男女平等の重要性も強調している。しかしこの研究は，幼児・障害者・高齢者のケアの間の重要な違いを明らかにすべく，さらに進める必要がある。サラチェーノとケックが指摘するように，

「子どもと高齢者とでは法的・社会的地位が異なる。権利の個人化は，子どもより高齢者のほうが進んでいる。もっと言えば，幼児は，完全にあるいは大体にでも脱家族化されれば，愛に満ちた有意味な関係を築く可能性を奪われてしまうかもしれない」(Saraceno and Keck 2010: 691)。脱家族化とケアに関する研究の多くは，幼児に対するケアのあり方に焦点を当てている。学術的にも実際上も，高齢者や要支援の成人一般のケアの必要はあまり注目されてこなかった[2]。まるで彼らの個人化そのものが，彼らのケアの必要を認識し損なう結果をもたらしたかのようだ(Saraceno and Keck 2010: 693)。

　脱家族化に関する研究は，家族形態の多様性も認識しなければならない。例えば，ゲイやレズビアンのカップルは，異性愛家族と同等の権利の承認を求めて戦ってきた。また，単身世帯は友人ネットワークのなかに埋め込まれていることが多いが，そうした世帯の増加は非家族的なつながりの承認が求められていることを示唆する。ライトナーは，ジェンダー差別的家族主義と脱ジェンダー差別的家族主義を区別することで，これらの次元を適切に捉えている。ジェンダー差別的家族主義は，

　　女性（ないし男性）だけに家族ケアを割り当て，家族ケアを雇用より低く評価し，家族ケアから雇用に移る（戻る）選択肢を提供せず，（法律婚）異性愛夫婦家族を中心に据える，といった家族政策を意味する。それに対して，脱ジェンダー差別的家族主義は，生物学的性差にかかわらず，家族ケアを正当なものと認め，ケア提供者の経済的自立を可能にし，家族ケアと雇用の間を行き来する選択肢を提供し，異なる家族形

態に対して同等の給付を行なう，といった家族主義的家族政策を示す。(Leitner 2003: 368)

このような共稼ぎ共ケア家族の構想は，フレイザーの「総ケア提供者」パラダイム（Fraser 1997: 59）と重なるところが多い。総ケア提供者パラダイムは，無償のケア労働や市民社会の協同生活への参加が有償労働の世界と等価に扱われるような，ジェンダー平等の理想像である。

共稼ぎ家族規範へ？

エスピン‐アンデルセン（Esping-Andersen 1999）やボノーリ（Bonoli 2006）など，第5章で取り上げた新しい社会的リスクの理論家たちは，当初，社会民主主義レジームと自由主義レジームが，異なる経路を通してではあれ，共稼ぎ家族の出現を手助けすると予想していた。社会民主主義レジームは公的財源によりケアサービスを提供するのに対して，自由主義レジームは（しばしば低賃金の）ケア労働市場の形成を促すものと思われた。例えば，スウェーデンのような社会民主主義レジームの諸国は普遍主義的な保育・介護サービスや育児休業を先駆的に提供したのに対して，カナダや米国のような自由主義レジームの諸国は主に市場に依存してきた。しかし，同種のレジームのなかでも国によって大きな違いがある。北欧諸国では，フィンランドとノルウェーが比較的長期の育児休業を支援している。すべての北欧諸国に有給の育児休業があるが，期間の長さと補償の手厚さは国によって違う。さらに，ノルウェー・スウェーデン・アイスランドだけが，育児休

業の一部を父親のために確保する，いわゆる「パパクオータ」を設けている（Ellingsaeter 2014）。北米諸国のうち，米国には有給の産休や育休制度はないが，カナダには有給の育児休業があり，フランス語圏のケベック州にはパパクオータがある。さらに，オコナーら（O'Connor et al. 1999）が主張するように，オーストラリアと英国は自由主義レジームだが，両国とも女性のケア提供者を支援し続けている。

　新しい社会的リスクの理論家は，保守主義レジームが性別役割分業的な家族形態を強化すると予想していた。しかしながら，20世紀末まで旧来の男性稼ぎ手家族形態が依然として優勢だった国でも，21世紀に入って以降，そこから大きく離脱する動きが見られた。育児休業，パパクオータ，保育サービスといった政策は，共稼ぎ共ケア家族形態への移行をどれほど支援してきたのか。変化（と持続）の過程をどのように説明できるだろうか。

　保育分野[3)]について，モーガンは，「一般的に言って，各国政府は，休業の長期化，休業後に利用可能な公的補助による保育サービス，および労働時間の短縮を組み合わせたモデルに向かっているようだ」（Morgan 2009: 42）と指摘している。これは，英国のような自由主義レジームの諸国（Fleckenstein and Seeleib-Kaiser 2011），ドイツやオーストリアのような保守主義レジームの諸国（Fleckenstein and Seeleib-Kaiser 2011; Fleckenstein and Lee 2014），日本や韓国などのアジア諸国（Peng 2011），ラテンアメリカの比較的豊かな諸国（Staab and Gerhard 2010; Faur 2011）など，これまで男性の稼ぎ手に社会政策の基礎を置いてきた国々でも見られる傾向である。とはいえ，進み具合は依然として一様ではない（Leitner 2010; Estévez-Abe and Kim 2014; Lopreite and Macdonald 2014; Oliver and Mätzke 2014)。

　保育や介護のサービスが共稼ぎ家族を支えうるのは確かだが，そうした支援が低所得家族に向けられているか（例えば英国のように），公的補助金がサービスの提供者（北欧）と利用者（英国・カナダ・オーストラリア）のどちらに支給されているか，を検討することも大事である（Mahon et al. 2016）。有給育児休業の採用も共稼ぎ家族を支えうるが，共稼ぎ共ケアモデルに向けた取り組みの主要な指標となるのは，パパクオータなど，父親に家庭内ケア責任を分担させるために考案された政策である。レイら（Ray et al. 2010）は，この条件を休業制度の影響を評価するための「ジェンダー平等指標」に組み込んでいる。しかし，ジェンダー平等のために重要であるにもかかわらず，パパクオータは北欧諸国でも依然として論争の的になっている（Ellingsaeter 2014; Bergqvist et al. 2015）。また，長期の育児休業のような母性主義の再来を思わせる解決策も，保守主義レジーム諸国に限った話ではない。フィンランド・ノルウェー・スウェーデンでは，育児休業の延長期間を対象とした育児手当が認められた（Eydal and Rostgaard 2011）。

　かくして，育児休業を取得するのは主に女性であり，パートタイムで働くのも女性である。なぜなら，家庭内ケアは主に女性の責任であり続けているからである。そしてこのことは，職域分離の深化と「ガラスの天井」の硬化につながるので，労働市場における平等に対して不利に作用する。スウェーデンは社会政策が多くの点で共稼ぎ共ケアモデルを支える方向に最も進んでいる国の一つだが，そこでも職域分離とガラスの天井は一目瞭然である（Orloff 2006; Lister 2009; Morgan 2009）。言い換えれば，こうした政策は，共稼ぎ共ケア家族を支援するというよりも，むしろほと

んどの場合,「一人半の稼ぎ手家族」〔フルタイムの夫とパートタイムの妻の家族〕の台頭を支援しているのだ（Mahon 2002; Daly 2011）。

　このような持続と変化のパターンを,多くの学者たちはどのように説明しようとしてきたのだろうか。エスピン‐アンデルセン（Esping-Andersen 1999）やコルピ（Korpi 2000）は,権力資源論（左派政党と労働組合を重視する）こそが,北欧の社会民主主義諸国がこの路線の先駆けとなった経緯と理由を説明すると主張した。それに対して,マホン（Mahon 1997）,ベリクヴィストら（Berg-qvist et al. 1999）,およびヒューバーとスティーヴンス（Huber and Stephens 2001）は,フェミニストが果たした役割を追加している。しかしモーガン（Morgan 2009: 46）は,北欧諸国でさえ共稼ぎ共ケア規範を完全に制度化できなかったのはなぜかを説明するなかで,フェミニストは改革のための政治的圧力を生み出すことには寄与したが,どの国でも新しい政策の細目を決定する立場にはなかったと示唆している。

　フレッケンシュタインとゼーライプ‐カイザー（Fleckenstein and Seeleib-Kaiser 2011）は,北欧が先駆けとなった理由を権力資源論で説明できることは認めるが,2000 年以降のドイツと英国における重要な変化や両国の違いを説明するにはあまり役立たないと主張する。彼らはその代わりに資本主義の多様性アプローチに基づいて,採用された政策の類型は両国それぞれで求められるポスト工業的技能の特性の違いを反映しており,それがまた保育サービスや休業制度に対する経営者の姿勢を方向づけていると主張する。彼らは主張を展開するなかで,コルピ（Korpi 2006）による主唱者・賛同者・反対者の区別を利用しつつ,「推進者」という第四種のアクターを追加している。推進者とは,最初の議題

設定に関与したわけではないが，ある政策に高い優先順位を置く人たちのことを指す（Fleckenstein and Seeleib-Kaiser 2011: 141）。つまり，経営者は，英国やドイツで主唱者ではなかったかもしれないが，主要な推進者の役割は演じたわけである。

　中道右派政党による仕事と家族生活の両立政策の採用について説明するなかで，ライトナー（Leitner 2010）およびフレッケンシュタインとリー（Fleckenstein and Lee 2014）は有権者の（ポスト工業的）選好が変化するなかでの政党競争の影響に注目し，ダロイトとサバテッリ（Da Roit and Sabatelli 2013）は増大する需要とイタリアの保育政策のミスマッチを政党競争の欠如によってある程度説明している。さらにダロイトとサバテッリ（Da Roit and Sabatelli 2013: 444）は，第 3 章で取り上げたフェレーラ（Ferrera 1996）の南欧モデルの分析に言及しつつ，イタリア国家の脆弱性とその官僚制度に浸透するクライエンテリズムを強調している。また，ウィンコット（Wincott 2006）による英国の地方分権改革後のサービス供給パターンの説明や，オリヴァーとメッケ（Oliver and Mätzke 2014）によるドイツとイタリアの比較，マホンとブレナン（Mahon and Brennan 2013）によるオーストラリアとカナダの保育政策や育児休業政策の比較でも，国家構造と政策遺産が重要な役割を演じている。

　以上の説明は，いずれも歴史的制度論に基づくものである。しかしエステヴェス－アベとキム（Estévez-Abe and Kim 2014: 669）は，なぜ韓国が日本より迅速に保育・介護改革をなしえたのかをめぐって，合理的選択制度論に基づく研究方法を展開している。彼女たちは，「開かれた政治的機会構造」のあるところでは改革が急速に進む可能性が高いと主張している[4]。

新しい課題に取り組んだり，これまで政策サークルに参加していなかった集団の必要に応じたりすることができる政治システム。そうした構造は，次のような制度がある場合に出現する。すなわち，(1) 政治指導者を新たな社会的必要に対して敏感にさせる制度，(2) 彼らが新しい政策議題を設定したり立法過程を制御したりできるようにする制度，である。
(Estévez-Abe and Kim 2014: 669)

それに対して，閉じた政治的機会構造とは，「政治指導者が新たな社会的必要に対して敏感でない，あるいは敏感であっても議題を設定できない」状況のことである。著者はこれらの概念を日本と韓国に適用しているが，これは上記のダロイトとサバテッリ (Da Roit and Sabatelli 2013) が述べたような文脈，つまりケアサービスの必要と国家の対応の間の不均衡が拡大しつつある状況の説明にも役立つだろう。

　第5章で論じたような政策アイディアも，こうした説明で重要な役割を演じる。近年の社会的投資への関心の高まりは，保育政策の分野における収斂傾向を説明するのに役立つ。例えば，ペング (Peng 2011) が韓国の政策立案者に対する社会的投資のアイディアの影響について考察しているのに対して，マホンら (Mahon et al. 2012) は各国のアクターが社会的投資や新自由主義のアイディアをいかに多様な仕方で改革の指針としたかを検討している。そうしたアイディアは国際的に伝播する可能性があるし，現に伝播している。例えば，モーガン (Morgan 2009) は明白に，オリヴァーとメッケ (Oliver and Mätzke 2014) も暗黙のうちに，OECD と EU が国境を越えた政策学習〔政策立案過程で先行事例を

参照すること〕を促進する役割を果たしていることについて考察している。とはいえ，ロプライテとマクドナルド（Lopreite and Macdonald 2014）によるアルゼンチンとメキシコの比較研究が示唆しているように，国ごとに異なる制度的舞台で展開される国内政治こそが，伝播してきたアイディアがいかに翻訳されてその土地に根づくかを決めるのだ。最後に，メッケとオストナー（Mätzke and Ostner 2010: 474）は，アイディアと経路転換的変化をつなぐ最も強力な論証を提供しているかもしれない。彼女たちは，「政策アイディアこそが政治的機会を政治的イノベーションに変換する決定的な推進力だ」と宣言する。彼女たちはこの論証を展開するにあたって，各種のアイディア（すなわち，パラダイム，プログラム，フレーム，世論）を区別し，これらを国ごとに異なる因果経路と結びつけている（Mätzke and Ostner 2010: 475）。

国境を越えたケアの連鎖

　ケアの提供にはもう一つの新しい傾向が見られる。移民女性が家庭内で提供するケアである。特に虚弱高齢者のためのケアだが，それだけではない。この展開をもたらしたのは，前述の家庭内ケア労働の不平等に対処できなかったことと，受け入れ国における家庭内の有償ケア提供に対する国家の支援が不十分だったこと[5]，および受け入れ国の移民政策と送り出し国の発展である。ホックシールド（Hochschild 2000）が論じたように，この組み合わせから，豊かな国の女性と，彼女の子どもや老親にケアを提供してくれる貧しい国出身の女性や，送り出し国で生じたケアの不足を埋める他の人々を結びつける，「グローバルなケアの連鎖」〔グロー

バル・ケアチェーン。グローバル・バリューチェーンに因んだ造語〕が作り出された。こうして見ると，国境を越えたケアの連鎖は，ジェンダー不平等だけでなく，階級や人種・エスニシティの不平等にとっても重要な意味を持っている。

　もっと具体的に言えば，豊かな国では，共稼ぎ共ケア家族規範への（不完全な）移行と人口の推移（出生率低下と人口高齢化）が「ケアの危機」の原因となる一方，ポスト工業経済における低学歴者向きの仕事の国外流出や高技能に対する需要の増大といった経済変化（Morel 2015）にともなって，政府は，低学歴者向きの仕事を作り，高学歴女性が高学歴男性と同じく長時間働けるようにする方法を探ることを求められている。エスピン–アンデルセン（Esping-Andersen 1999）は当初，普遍主義的に利用可能で質の高い公的サービスが，時間に追われるポスト工業家族を助けるとともに，ケア労働者にきちんとした給料と労働組合のある仕事を提供すると主張していた。しかし，特に 2008 年の金融危機以降，各国政府は，ケアの危機に対する「費用対効果の高い」解決策を探れという圧力にもますます晒されるようになった。そこで在宅ケアが魅力的に見えてくる。必要な設備投資が少なくて済むし，（移民の）家庭内ケア労働者は賃金が低く，しばしば国内の労働基準法の適用外だからである。

　アイディアも，こうした展開を促す役割を演じている。例えば，新自由主義とその市場賛美は，「選択」と「個別化」を強調することにつながった。この傾向は，ケアを受ける側の代弁者，特に障害者を代表する人々によっても助長されてきた。さらに，ある種の地方特有の「ケアの理想」（Kremer 2006）においては，保育所や老人ホームよりも代行ママ（Williams 2012）や「家族のなか

の移民」（Bettio et al. 2006）のほうが好まれる。この理想は，性別役割分業モデルが強固に確立していたところほど強く根づいているように見える。こうしたケアの理想は，どの国からの移民が「最良の」ケアを提供するかといった人種差別的ステレオタイプにつながる可能性がある（Bettio et al. 2006: 276; Yeates 2012: 138）。

ヴァンホーレン（Van Hooren 2012）は，その国の福祉レジームの性格が，移民ケア労働者を利用する程度や方法に影響を及ぼすことを示唆している。例えば，南欧のような「家族主義的」福祉レジームでは，特に高齢者ケアの提供において「家族のなかの移民」〔家族に直接雇われる移民〕に頼る傾向がある一方，自由主義レジームでは「市場のなかの移民」〔介護事業会社で働く移民〕のほうが好まれる。社会民主主義レジームでは，移民の家庭内ケア労働者に対する需要は低い。豊かな国では，ケア手当制度，バウチャー，社会保険料の免除，税金の還付など，有料の家庭内ケアを補助するための各種の政策手段も用いており，手段の選択は既存の福祉レジームやケアレジームによって方向づけられている。

ウィリアムズ（Williams 2012）は，ケアレジーム・移民レジーム・雇用レジームの相互作用が，政策手段の選択を含む各国の対応を方向づけると主張している。例えば，南欧諸国やドイツ，オーストリアでは，移民労働者は「主に家庭に配置されてきた。一方，フォーマルな施設ケアの伝統が強い国々では，移民労働者は，老人ホームや介護施設，高齢者にサービスを提供する在宅ケア業者といった，拡大する民間市場に配置されている」（Williams 2012: 370）。イタリアは，大規模なインフォーマル部門を特徴としており，不法移民を事後的に合法化している。この組み合わせが，高齢者ケアを家族のなかの移民に頼る結果につながっている。移

民レジームも，移民ケア労働者の供給源の形成を助けている。例えばスペインでは，移民ケア労働者のために特別に設けられた枠に加え，ラテンアメリカ出身者が家族を帯同することを認めており，また合法的に 2 年間居住しただけでスペイン市民権を申請することを認めている（Gorfinkel and Escrivá 2012: 131）。最近まで，カナダには「住み込み介護者」制度があり，移民ケア労働者は一定期間後に市民権を申請できた（Michel and Peng 2012）。

　こうした違いはあるものの，（1）供給より需要に焦点を当てた手段選択，（2）「公私の部門，ケア提供の場所と種類を問わず」移民ケア労働者への依存の増大，という傾向は明白である（Williams 2012: 371）。第一の点について言えば，需要側の手段選択は，サービス供給の質と場所を監督する能力を政府から奪う（Morel 2015: 186）。特にケア労働者が完全な市民権を持たない移民である場合，彼女たちを弱い立場に置くことにもなる。第二の傾向も，普遍主義原理に基づく公的ケアサービスの社会民主主義モデルの先駆者である北欧諸国を含めて，どこの国でも見られる。例えば，ノルウェーでは「オペア」〔住み込みで子育てを手伝う語学留学生〕の需要が 2000 年から 2008 年にかけて 10 倍になり（Williams 2012: 369），デンマークとフィンランドは高齢者ケアを提供する家事サービスの主要利用国に数えられている（Morel 2015）。スウェーデンの中道右派政権は，2007 年に家事サービスの拡大を促進する税控除を導入した。それは特に高齢者ケアで利用されており，比較的少ないが保育にも利用されている。北欧諸国ではこうしたサービスが保育に占める割合は小さいが，シュトレークとセレンの研究（Streeck and Thelen 2005b）からわかるように，漸進的な変更が経路転換的変化に至る可能性もある。例えば，モ

レルが指摘するように，デンマークやスウェーデンでは，

> 富裕な高齢者向けの民間市場が形成されただけでなく，長期的には公的財源による部門に漸進的な変化をもたらすかもしれない。公共部門に対する期待が低下するだけでなく，公的制度に必要な財政収入の減少によって予算制約が大きくなるからである。(Morel 2015: 187)

　ここまでは受け入れ国に焦点を当ててきた。それでは，送り出し国からケア労働者が出てくる理由は何だろうか。確かに，途上国の構造調整や中東欧の「移行経済」〔計画経済から市場経済への移行〕によって悪化した失業，貧困，インフォーマル雇用は重要な役割を演じている。また，開発援助の「新たな」動力源として送金を推奨する世界銀行や援助機関の後押しにより，移民は送り出し国の重要輸出品としてますます奨励されるようになった。受け入れ国の標準からすると低賃金であり，しばしば労働条件も劣悪だが，ケア移民自身にとっては，母国で看護師や教師といった高技能職として稼げる賃金よりも高い（Parreñas 2000; Bettio et al. 2006）。さらに広く言えば，移住は女性の移民にとって矛盾した変化をともなう。

> 一方では役割の逆転があり，それは男性より先に海外に移住して仕事を探すという女性の決断に象徴される。また，家族の扶養における女性の新しい役割は，送金を通して果たされる。いずれも女性の個人的・経済的自律の増大を意味し，「ジェンダーをほどく」過程に寄与しうる。他方で，国境を

越えた子育ての広がりと深まりは，女性の旧来の役割が続いていることも意味する。時間と空間の変化はあるものの，移民女性による自分の子どものケアは，物理的に離れてもやまないという証拠がある。(Benería 2008: 10)

　送り出し国に残された人たちはどうなるのか。ルッツとパレンガ-メレンベックが示唆するように，「グローバルなケアの連鎖のもう一方の端には，送り出し国の家族，特にケアを必要とする子どもや高齢者がいて，ケアと感情労働の不足による社会的・感情的コストを支払っている」(Lutz and Palenga-Möllenbeck 2012: 16)。一見したところ，ケアを提供するために豊かな国へ出ていく母・妻・娘たちは，脱家族化の倒錯した形態と考えられる。しかし，こうして生じたケアの欠落が国家や市場によって埋め合わされることはほとんどない。例えばマルティネス-フランソーニは，ラテンアメリカの主な送り出し国の福祉レジームは「インフォーマル-家族主義」として理解するのが最適だと主張している。つまり，ラテンアメリカの福祉レジームでは，「労働力の商品化に成功せず，社会保護と人的資本形成は最低限にしか脱商品化されていない」(Martínez-Franzoni 2008: 87)。その結果，大多数の人は生きるために拡大家族や複合家族に依存する。もっと広く言えば，ラグラムが主張するように，「多くの国では，核家族は標準ではなく拡大家族が一般的かもしれない。そのため，多くの女性がケアの供給に関わっており，一人の女性の移住がケアにそれほど大きな影響を与えないのかもしれない」(Raghuram 2012: 164)。言い換えれば，どこの国でも核家族が標準であり，残された子どもや高齢者が母や娘の不在に苦しんでいる，などと決めつけない

ことが大事である。

結　論

　共稼ぎ家族支援政策に関する研究が増えてきているが，そうした研究は，変化（や持続）の性格と程度に影響を及ぼす主体や構造に関する新しい捉え方を提示しているだけでなく，福祉レジーム理論に対していくつかの洞察を与えるものである。第1節では，脱家族化命題を再検討する必要があると論じ，第2節では，変化の推進力に関する目下の論争について考察した。それに加えて，いくつかの幅広い研究があることを示したい。

　まず，フェラジーナとゼーライプ – カイザー（Ferragina and Seeleib-Kaiser 2015）は，男性稼ぎ手モデルが深く根づいていると最近まで思われていた国々でさえ，そこから脱却する動きがあると述べる。彼らはそうした洞察に基づき，ホール（Hall 1993）の一次・二次・三次的変化の捉え方と，レジームを「空間」として捉える見方を組み合わせて，さまざまな程度の変化を分析的に把握する方法を示唆している。例えば，「自由主義空間・キリスト教民主主義空間・社会民主主義空間について語るとき，私たちは，特定の国ではなく，対象期間に18か国が動きまわる空間を指している」（Ferragina and Seeleib-Kaiser 2015: 14）。彼らはエスピン – アンデルセン（Esping-Andersen 1999）のレジームを，社会民主主義，自由主義，キリスト教民主主義，第四の「ハイブリッド」レジーム，という4つの象限として構成する。有給休業制度の条件が少し寛大になるのは一次的変化であり，象限図のなかのその国の位置取りは変わらない。一方，新しい政策手段の導入や既存の

政策手段の使用方法の変更は二次的変化であり，その国はある象限のなかで別の象限に近づいたり，境界付近から別の象限に移ったりするかもしれない。三次的変化は，ある空間ないしレジームから別の空間ないしレジームへの大きな移動を明らかにともなう。

　このような捉え方は，ウィンコット（Wincott 2006）が提供する洞察と適合するだろう。ウィンコットは，理念型と現実型の違いに関するクラウチとクーネ（Crouch and Keune 2005）などの最新の議論にいち早く参加していた。彼によれば，福祉国家の「現実型」は「革新的異種混成」であることが普通なのであり，この複雑性こそが，「反省的な社会的・政治的アクターがイノベーションの機会を捉えて前例のない代替案を提出することを可能にする」（Wincott 2006: 302）。北欧諸国で進行中のパパクオータやケア手当をめぐる論争に関するエリングゼーター（Ellingsaeter 2014）の分析が，先駆的な北欧諸国にもそうした流動性と矛盾があることを正確に映し出している。さらにウィンコット（Wincott 2006: 305）によれば，福祉レジーム概念は「福祉和解」という考え方で補うとよい。福祉和解とは，時間をかけて生み出された公共政策の複雑なパターンのことで，副次的アイディアをいくつも抱え，内部の緊張や矛盾を許容するものである（福祉和解については，Clarke and Newman (1997) も参照）。このような捉え方は，「資本主義の多様性」アプローチの提供する機能主義的説明や，エスピン－アンデルセンの各レジームがしばしばまるで生身の人間のように扱われるのとは著しい対照をなしている。

　最後に，ブロフィールドとマルティネス－フランソーニ（Blofield and Martínez-Franzoni 2015）は，仕事と家族の類型論に関する新しい考え方を提示している。しばしば移民ケア労働者が集中

する家事サービス部門の拡大を視野に入れるため，在宅ケア労働に対する労働基準規制に注目しているのだ。彼女たちの研究方法は，大規模なインフォーマル部門が存在する国でも有効だろう。つまり，休業制度（「キャリア中断型」）やケアサービス（「脱家族化型」）がジェンダー平等に及ぼす影響の評価に加え，こうした政策が社会的公正に寄与しているか，具体的には休業や保育スペースへのアクセスがフォーマル部門の被用者に限られていないかの評価も含んでいるからである。この研究方法は，南欧や途上国における政策発展の分析にとりわけ有効だと思われるが，不安定労働の拡大をふまえると，北米や西欧の福祉レジームの評価においてもその意義を増してきている。

註————————————

1) このことは家族外ケア提供者の権利の問題も提起している。この点については後述する。

2) 注目すべき例外として，Le Bihan and Martin (2006), Rostgaard and Szebehely (2012), Yeandle et al. (2012), Armstrong et al. (2009) などがある。

3) サラチェーノとケックが指摘するように，乳幼児保育の分野におけるような収斂は，高齢者介護の分野では見られない (Saraceno and Keck 2010: 693)。

4) 彼女たちの定義は，マカダム（McAdam 1999）のような社会運動論者が開発した定義とは大きく異なる。マカダムは政策過程に影響を及ぼす社会運動の能力を評価することに関心があったのだが，彼女たちの定義はマカダムの定義を補完するものだと考えられる。

5) スウェーデンの高齢者介護制度の重要な構成要素だったホームヘルプサービスのような，公的財源で組織されるサービスは，労働組合があり労働基準法も適用されるので例外である。

第 7 章

社会政策と多様性をめぐる政治

　何人かの学者が指摘していることだが (Banting 2008: 61; Sainsbury 2012: 21)，社会政策レジームの研究において階級，ジェンダー，人種・エスニシティを統合する研究方法を求めたウィリアムズ (Williams 1995) の先駆的な努力にもかかわらず，比較社会政策研究では民族的・人種的・言語的多様性の影響にあまり注意が払われてこなかった。しかし，ウィリアムズ論文の刊行から 10 年近くを経て，新しい研究が現われ始めた。それは，特に途上国から先進国への（しかしそれに限らない）移民の重要性が高まったことに刺激された面もある。前章では，ケアの提供における移民労働者の役割について論じた。本章では，人種的・民族的多様性と社会政策レジームの関係に関する議論に焦点を当てる。アレシナとグレイザー（Alesina and Glaeser 2004, 2008）によれば，欧州では移民に対する関心が高まっており，移民が西欧の福祉レジームの寛大さを低下させ，米国の福祉レジームのように変えるのではない

か，との疑念が生じている。バンティング（Banting 2008: 59）によれば，移民とそれに関連する多文化主義の台頭は2つの別個の問いを提起する。第一に，民族的・人種的多様性そのものが，再分配政策の発展を支えてきた信頼と連帯を損なうのではないか。第二に，ニューカマーを受け入れるために制定された多文化政策は，結果として連帯を損なうのではないか。

　多様性と社会政策の発展の間の複雑な関係を探るには，まず歴史を振り返る必要がある。民族的・人種的・言語的多様性は社会政策の発展を阻害してきたのか，それとも米国の事例が特殊なのか。そこで本章ではまず，西欧・南北アメリカ・オーストラリア・ニュージーランドにおける多様性と福祉国家の発展について検討する。続く第2節では，異質性，承認，再分配といった現代的な問題と，その解明をめざす多くの学者の方法に焦点を当てる。第3節では，地方ナショナリズムを含むナショナリズムと福祉国家の発展の間のもっと幅広い関係に目を向ける。ナショナリズムには，社会政策の拡大を支持する社会連帯を作り出すものもあれば，社会的・領域的排除の形態を支持するものもある。

多様性は福祉国家の発展を阻害するか

　米国に民族的多様性に加えて深い人種的分断が存在することは，米国の社会政策の範囲が限定的で，残余的な自由主義レジームの代表例になっていることの説明に使われてきた（Esping-Andersen 1990）。1930年代のニューディール政策形成期には，与党民主党の南部派が，州の権限を利用して南部の黒人を福祉手当から除外するよう促した（Quadagno 1988; Lieberman 1998）。しか

し 1950 年代末になると，公民権運動が起こした一連の訴訟を通して，貧困にあえぐアフリカ系米国人の母親が福祉にアクセスできるようになった。この成功の結果，「1960 年から 1967 年にかけて，AFDC（要扶養児童家庭扶助）受給者の白人比率は 86％ から 46％ へと低下した」（Levy and Michel 2002: 242）ため，今度はシングルマザーを公的扶助から排除しようとする動きが加速した[1]。しかし大体において，公民権運動の重点は，社会権の拡大よりも，アフリカ系米国人の公民権と参政権の獲得への取り組みにあった（Quadagno 1994）。

　アレシナとグレイザー（Alesina and Glaeser 2004: 2）は，米国の福祉国家の範囲が限られているのは，人種的・民族的異質性の政治的影響だけでなく，国家の役割を制限する政治制度複合体の存在の反映でもあると主張する。大陸西欧における寛大な福祉レジームの発展にとりわけ重要だったのは，比例代表制の導入だという。彼らの示唆するところでは，欧州左派は，この選挙制度改革を勝ち取った結果，社会政策の発展に影響を及ぼすことができるようになった。彼らの主張はこの点において，第 2 章で検討した権力資源論と一致し，それを補うものである。言い換えれば，比例代表制が導入されたおかげで，欧州左派は，過半数を得られない場合でも影響力を持てるようになったのだ。

　バンティング（Banting 2000）も政治制度の重要性を強調しているが，それは政治制度が左派政党に及ぼす影響ではなく，むしろ多様性が福祉国家の発展に及ぼす負の影響を緩和する，政治制度の能力についてである。この点で，ベルギー・オーストリア・オランダのような「多極共存型民主主義」と，カナダ・スイス・米国のような分裂した連邦国家の間には大きな違いがある。バン

ティング（Banting 2000）によれば，ベルギー・オーストリア・オランダでは，異なる階級や宗教集団を代表するエリートの間で意思決定と協力を行なう多極共存モデルによって，宗教，言語，その他の文化的分断にもかかわらず，包括的な福祉国家を築くことができた。一方，カナダ・スイス・米国では，連邦制が分権的な政治制度の発達をもたらした。それは民族的・言語的多様性や，米国の場合は北部と奴隷所有を認める南部の違いに対処するためだった。例えばカナダでは，連邦制を採っているために階級より民族や地方の違いが政治的争点となり（Brodie and Jenson 1988），小選挙区制が採用されたことも左派政党の躍進を困難にしている。

　北欧諸国で寛大な社会民主主義レジームが発展した理由について，バンティング（Banting 2000）は，文化的同質性と集権的国家構造の組み合わせを強調して説明している。しかし，ブロックマン（Brochmann 2015: 86）の指摘によれば，そうした同質性は，じつは 20 世紀前半に進められた政策の結果であり，「特にスウェーデンとノルウェーにおいて，現存の少数民族をかなり強引に意図的に整理した」結果だという。そのせいで，サーミ人の文化は支配的な国民の物語に従属させられ，サーミの人々は各国民国家と一体化させられることになった（Burmeister Hicks and Somby 2005: 275）。同様のパターンは南北アメリカとオセアニアの「白人入植者国家」でも生じたが，それぞれ重要な違いがある。

　マオリ人が人口の 15% を占めるニュージーランドはやや例外で，1840 年のワイタンギ条約でマオリ人の政治的自決権が公式に認められ，1867 年にはマオリ選挙区に国会の議席が与えられた（Humpage 2010: 236）。さらに，「1940 年代以降，移住プログラム（国営賃貸住宅へのアクセスを含む）や農村から都市への経済援

助の再配分など，福祉の取り組みを通して，マオリ人が都市における資本主義的生産の労働需要を満たすために農村から移住することを積極的に奨励した」（Humpage 2010: 243）。一方，オーストラリアとカナダの政府は，「無主地先占」の法理〔国際法上どの国にも属さない土地は領有してもよいとする原則〕に基づいて先住民の先行居住を公式に否定した（Humpage 2010: 237; Tomiak 2011: 第3章）。両国とも，先住民に連邦選挙の投票権が与えられたのは1960年代になってからである[2]。しかし第二次世界大戦後，カナダが福祉国家の整備を始めると，先住民は，保護区に住む人も含めて，家族手当や老齢保障といった普遍主義的制度に組み入れられた（Shewell 2004: 238）。とはいえその目的は，スウェーデンやノルウェーの政府がサーミの人々に対して行なったのと同じく，先住民を支配的文化に同化することだった[3]。オーストラリアでは1960年代になって初めて，先住民が所得補助法や団体交渉制度に組み入れられた（Humpage 2010: 237）。さらに，1990年代に導入された共同責任協定制度〔政府と先住民コミュニティが結ぶ協定〕では，「一部のコミュニティが，他のオーストラリア人にとっては当然の市民権（教育や医療サービスなど）を獲得するために交渉することを求められた」（Humpage 2010: 241）。

　上記の諸例において，先住民の存在は，二級市民という立場ではあれ，福祉国家の発展を阻害したとは考えられていない。しかしラテンアメリカでは，産業化や政治的包摂のパターンとならんで，人種的・民族的多様性が国ごとの社会政策の発展の違いをもたらした可能性がある（Pribble 2011）[4]。とはいえ総じて見れば，既存の証拠は，政治制度の構造など，他の変数も重要な媒介要因として作用したことを示唆している。

多様性の増大，承認の要求，福祉国家の未来

　国によって違いはあるものの，西欧諸国では1980年代までに，戦後の「臨時」労働者が，市民ではないにせよ永住者になったと認められるようになっていた（Castles et al. 2006: 第2章）。1990年代には，移民の数が増加し，出身国（西欧先進国以外からの移民の増加）や種類（難民・亡命希望者・不法移民の増加）が多様化したことで，こうした「他者」の存在に対する意識が高まった。加えて旧来からの白人入植者国家は長らく移民に依存してきたが，20世紀後半には「白人性」の偏見を捨て，世界各地から続々とやってくる移民を受け入れるようになった。こうした変化は，フォーディズム的生産の危機[5)]，ポスト工業的転回，新自由主義的アイディアの台頭などによって労働市場が再編され，既存の福祉レジームに圧力がかかるなかで生じた。しかし同時に，移民や先住民の権利が国際的に認められるようになるとともに「アイデンティティ政治」が台頭し，ニューカマーや先住民の承認要求が強調されるようになった。このことが潜在的な「再分配と承認」のジレンマを生んだとする説もある（Fraser 1997）。つまり，承認要求（「多文化主義」）が福祉国家への国民の支持を損ねているのではないかという疑念が生じたのである。

　多文化主義をいち早く導入したカナダ（1971年）とスウェーデン（1975年）の経験は，実際には承認と福祉国家の拡大が同時に起こりうることを示唆している[6)]。しかしながら，両国の取り組みは，西洋以外からの移民の大波や，新自由主義路線に沿った福祉レジーム再編の圧力が到来する以前に実施されたものだった。

多様性の増大と承認要求の高まりは，福祉レジーム衰退の一因になったのだろうか。

バンティングら（Banting et al. 2006）はこの問いに答えるため，移民の承認につながる8種類の多文化政策を特定し[7]，それをもとに多文化主義の強い国，平均的な国，弱い国を区分した。また，先住民の権利の承認に向けた公的な取り組みについても，同様の尺度を構成して測定した[8]。次に両方の測定結果と，GDPに占める社会支出で測定した福祉国家の変化，貧困と不平等を削減する再分配の効果，子どもの貧困と不平等の水準との相関を調べた（Banting et al. 2006: 64）。彼らは，「強力な多文化政策を採用した国では採用しなかった国に比べて福祉国家が衰退する，といった体系的なパターンはない」ことを発見した（Banting et al. 2006: 83）[9]。さらに，移民人口の規模と社会支出の変化（異質性と再分配のトレードオフ）の間に相関はなかったが，「外国出身住民が少ないながら急増中の国」でトレードオフを示すいくつかの証拠を発見した（Banting et al. 2006: 83）。

この研究方法はそれなりの洞察を提供するが，カレヤら（Careja et al. 2015）が主張するように，社会支出の大まかなパターンだけでなく，移民の社会保障給付のうち大きな割合を占める制度に焦点を当て，申請者と家族に課される受給資格基準や条件を分析する必要がある。理想を言えば，こうした研究方法を発展させて，この種の課題をもっと幅広い福祉レジームの比較研究に統合することも可能だろう。事実，バンティングは以前の論文（Banting 2000）において，移民（および先住民）が十分な支援を受けられるか否かを決めるうえで，福祉レジームの型が重要な役割を演じることを示唆している。彼はそこで，社会民主主義レジー

ムや保守主義レジームは，オーストラリアや英国などの自由主義
レジームよりも移民の統合に優れていると示唆する。自由主義レ
ジームでは，移民が老齢年金や障害者手当，児童手当を受給可能
になるまでに，かなり長期の居住歴が必要とされる。さらに，
「（クリントン時代の米国の）福祉改革による最大の費用節約は，
AFDC の再編ではなく，移民に対する給付制限によるものだ」
（Banting 2000: 24）とも指摘している。

　セインズベリー（Sainsbury 2006, 2012）は，この関係をさらに
検討し，こうした研究では福祉レジームと移民受入レジームを同
時に分析する必要があると主張している。移民受入レジームは，
「移民が市民となり，永住権を獲得し，経済的・文化的・政治的
生活に参加できるようになる可能性を左右する規則と規範からな
る」（Sainsbury 2012: 6）。したがって移民受入レジームを調べるに
は，市民権取得，滞在許可と就労許可，家族呼び寄せの条件など
に関するその国の規則，および各種の移民を管理する規則全般を
検討する必要がある。移民受入レジームの規則が重要なのは，そ
れが福祉レジームと関連しつつも別個の階層化システムを生み出
すからである。セインズベリーによれば，移民受入レジームは単
純に包摂型と排除型に分類されるが，

　　包摂的な移民政策を採る国が，開放的で寛大な入国管理政策
　　を採っているとは限らない。例えば，オーストラリアとカナ
　　ダは強力な多文化政策を採る国の例に挙げられることが多い
　　が，同時に両国は考え抜かれたポイントシステムを採用して
　　おり，多くの移民，特に貧困層や学歴のない人々を排除して
　　いる。（Sainsbury 2012: 16）

セインズベリーの重要な研究では，2つの自由主義レジーム（英国と米国），2つの保守主義レジーム（フランスとドイツ），2つの社会民主主義レジーム（デンマークとスウェーデン）が検討されたが，福祉レジームの型は移民政策の包摂性の予測変数には全くならないことが示された。実際には，米国・フランス・スウェーデンが包摂的な移民受入レジームを持っている一方，英国・ドイツ・デンマークは制限的なレジームを持っている。

　アイディアは，多様性が社会政策の発展に及ぼす負の影響を激化させたり緩和したりする役割を演じるのだろうか。おそらく，政策問題がどのように定式化されるか次第である。例えば，オーストラリアとカナダでは，先住民の直面する問題は社会ダーウィニズムと福祉依存の混合によってフレーミングされてきたので，彼らの権利は軽んじられがちだった（Humpage 2010: 242; Banting et al. 2013: 180）。支配的文化の規範と特定の移民集団の表象のされ方の間にも緊張が生じうる。例えば，（暗殺された）オランダの政治家ピム・フォルタインによる反イスラム教のレトリックは，ムスリムがオランダにおけるジェンダーとセクシュアリティの平等規範を（表面的には）拒否していることに焦点を当てていた。同様の論調は他の先進国の政治的言説にも見られ，もっぱらと言うわけではないが，特に右派ポピュリズム政党によって表明されている。ムスリムのベールをめぐる論争に見られるように，ジェンダー平等規範が特定の移民集団を疎外するために利用されることもある[10]。デンマークの事例を考察したシームとボーコースト（Siim and Borchorst 2008: 10）は，「「純粋デンマーク人家族」で達成された女性にとってのジェンダー平等が，「移民家族」にかけられた家父長制的女性抑圧の嫌疑と対比されることが多くなって

いる」と主張する。さらに，このイメージを広める一翼を担ったのが，これまでジェンダー平等を擁護したことなどなかったデンマーク国民党だと指摘している。

　欧州における最近の難民危機は，移民をジェンダー差別的にフレーミングするための格好の材料を提供した。ここでは，ほぼ世俗的な「ジェンダー平等主義」社会に到着した若いムスリム男性に焦点が当てられる。例えばドイツでは，2015年の大晦日にケルンで何人かの亡命希望者が犯したらしい性暴力が，極右の活動家や政治家によって悪用された。ドイツ政府はこれを受けて，十数か国語で読める明らかに難民向けの性教育ウェブサイトを後援し，「ドイツと違って多くの国では学校で性教育を実施しておらず，難民の多くを含む多数の外国人は，セックスがタブーとされる国家からやってきている」（Breitenbach 2016）と示唆した。人種の異なるカップルがさまざまな性的体位を取っている様子を描いた露骨な画像を使ったこのウェブサイトは，中東や北アフリカ出身の移民がドイツのような国での生活に適応できるのかという，時として下品な進行中の論争の火に油を注いだ（Breitenbach 2016）。もっと一般的に言えば，極右勢力は，難民危機をテロ事件と混同することで，ムスリム移民は西洋社会に適応できないので国民の一体感を脅かすという自らの主張を強めてきた。2016年の米国大統領選挙でドナルド・トランプがムスリムの入国禁止を示唆したことは，多くの先進国における外国人嫌いのナショナリズムの台頭を反映していた。

ナショナリズムと社会政策

　以上の議論は，ナショナリズムと社会政策の関係という，重要ながらあまり研究されてこなかった課題を提起している。ナショナリズムと社会政策の関係は，いくつかの異なる形態を取りうる（Béland and Lecours 2012）。第一に，多数派ナショナリズムとは「中央政府によって設計された」集合的アイデンティティである（Lecours and Nootens 2011: 4）。この種のナショナリズムは多くの国で，植民地主義，軍事衝突，国家による学校教育制度の創設といった現実によって歴史的に培われてきた（Lecours and Nootens 2011）。中央政府のあり方に異議を申し立てる型のナショナリズムに比べれば目立たないが，多数派ナショナリズムは穏健な国民的自尊心の表現にとどまらない。特定の状況下では，この種のナショナリズムは，部外者を排除する形で国民を再定義しようとする極右政治運動の養分になりうるのだ。デンマーク国民党やフランス国民戦線のような極右の反移民政党の台頭は，極右の多数派ナショナリズムの最も典型的な表われである（Wodak et al. 2013）。

　とはいえ，あらゆる形態の国民的自尊心が極右の外国人嫌いにつながるわけではないことを認識すべきである。事実，カナダのような国では，多文化主義は中央政府が明言する国民アイデンティティの恒久的な特徴の一つになっている。しかしながら，近年そこでも，多文化主義の重要な側面が論争の的になっている。例えば，2015年の連邦議会の選挙戦では，女性が市民権授与式でニカブ〔ムスリム女性が顔を覆うベール〕を着用する権利が争点となった。さらに，多くの国で，近年のアフリカや中東からの難民

流入や，国際テロリズムに起因する恐怖が，イスラム教や西洋社会におけるムスリムの地位に関する論争を激化させている。こうした論争は，ドナルド・トランプのような極右政治家に悪用されてきた。トランプはイスラム恐怖症を広めることで，高齢で学歴の低い白人有権者から政治的支持を獲得している（Saunders 2015）。

多数派ナショナリズムが社会政策と結びつく道筋の一つに，「福祉排外主義」の問題がある。この概念は，「部外者」と見なされる人々を国民保健サービスや社会保障給付から排除しようとする進行中の運動を指すものである。例えば英国では，英国独立党が「国民保健サービスへのアクセスを英国の合法的居住者に限る」ことを望んでいる（Edsall 2014）。これは，先進工業国において，少なくとも何種類かの移民を福祉国家の制度から排除しようとする幅広い運動の一例に過ぎない。ファンデルワールら（van der Waal et al. 2013）によれば，福祉排外主義は，社会民主主義レジームより保守主義レジームや自由主義レジームで優勢だという。とはいえ前述のように，福祉排外主義はデンマークのような社会民主主義国でも生じうる。

第二に，地方ナショナリズムとは，中央政府のそれから区別された政治的・領土的アイデンティティへの賛同を意味する。バンティングが主張するように，「国際移民をめぐる政治が提起する社会的市民権への挑戦は，競合するナショナリズムをめぐる政治と比べれば注目度が低いように思われる。後者においては，いかなる政治共同体のなかで再分配がなされるべきかがずっと直接的かつ強力に争われるからである」（Banting 2000: 14）。このような中央政府への挑戦は，中央政府が設計したネイション〔国民〕と

は別のネイションを主なアイデンティティとする集団が国内に一つ以上ある場合に生じる（Béland and Lecours 2012）。地方ナショナリズムの例としては，カタルーニャやバスク（スペイン），フランドル（ベルギー），ケベック（カナダ），スコットランドやウェールズ（英国）などがある。ケベック党やスコットランド国民党といった地方ナショナリスト政党は，自治権拡大や中央政府からの完全独立をめざす運動を正当化するために文化やアイデンティティを主張するが，ナショナリストの要求は福祉国家の課題とじかに重なりうる。

　例えば，スコットランドのナショナリストは長らく，独立するか一層の分権化が進めばもっと進歩的な社会政策が可能になるはずだと言い続けてきた。逆にベルギーのフランドル民族主義者は，比較的貧しい南部フランス語圏のワロンに財政資源や社会保障給付が流れていることを批判する。この2つの例は，地方ナショナリズムが社会政策の拡張と抑制のいずれにもつながりうることを示唆している（Béland and Lecours 2012）。最後に，中央政府が運営する社会保障制度は，全国的市民権と国民統合の意識を養うことで，地方ナショナリズムの求心力を相殺することができる。これは特にカナダや英国などの文化的・民族的に分裂した国々について言えることで，第二次世界大戦後の福祉国家の拡大が，中央政府の国民統合プロジェクトに適合する普遍主義的社会権の出現につながった（Banting 2005; McEwen 2006）。

　独立直後のサハラ以南アフリカでも，同じような論理が社会政策の発展を導いた。ガーナなど新たな独立国の政治指導者は，さまざまな民族的背景を持つ人々をまとめるために無料の学校教育と医療が必要だと強調したのである（Kpessa et al. 2011）。これら

の政策の多くは，後に構造調整プログラム〔IMF と世界銀行が融資と引き換えに途上国に押しつけた新自由主義改革〕のせいで解体された。しかしそのような政策が存在したこと自体が，カナダや英国など多民族の先進国と同様，植民地解放後のアフリカに見られたような民族的に多様な社会においても，社会保障制度が国民統合のために積極的な役割を果たしうることを示唆している。

　ここまでは国民統合と社会政策の関係について検討してきたが，世界中で分権化が社会政策改革の主要課題となっている事実を忘れてはならない。確かに連邦国家は，程度の差こそあれ，社会政策上の大きな役割を地方単位に割り当ててきた[11]（Obinger et al. 2005）。しかし「単一国家」の北欧諸国でも，地方政府は，保育や介護のサービス提供において重要な役割を引き受ける以前でさえ，「教育・住宅・医療分野における幅広い機能に責任を負っている」と主張してきた（Fargion 2000: 64）。最近では，EU の推奨する補完性原理〔上位の介入は下位の単位で対処できない場合に限るという組織原理〕が，主要な政策領域における社会保障の分権化にお墨付きを与えている（Spicker 1991）。地方分権は，社会政策の給付とサービスを地方の実情に合わせるのに役立つが，国境内部における一律の社会的権利という観点から見た社会的市民権を損なうリスクもつねに孕んでいる。地方特有の必要に対する敏感さと領域的統合の永続的探求を両立させることは，今日の社会政策にとって絶えざる挑戦である。したがって，各国がどのように民族的・人種的多様性に取り組んでいるかを検討するだけでなく，いかにして社会政策の設計における共通原則を保持しつつ地方的・領域的多様性と折り合いをつけようとしているかを探ることも大事である。

結　論

　本章が示唆するように，住民の多様性の増大，多様性のイメージ，および（政治的・社会的）諸制度の間の複雑な関係は，解明すべき重要な問題である。バンティング（Banting 2008）やセインズベリー（Sainsbury 2012）のような学者はそうした研究の基礎を築くことに貢献してきたが，とりわけ世界各地の社会政策の発展に視野が拡大してきている現在，さらなる研究が求められている。また，ナショナリズムと社会政策の関係について，多数派ナショナリズムと地方ナショナリズムの両方に焦点を当てた研究が必要である。地方ナショナリズムについて言えば，2016 年 6 月の「ブレグジット」国民投票後のスコットランドの事例が，地方ナショナリズムを欧州統合に直接つなげていて特に興味深い。最後に，移民やナショナリズムと社会政策に関する研究の大半は今のところ先進工業国を扱っているが，この問題は，途上国，特に巨大な多様性と分裂にもがくインドやナイジェリアのような植民地独立後の多民族国家においても同様に重要である。

註

1)　1996 年の保守的な福祉改革立法につながったこの反福祉キャンペーンは，人種差別的でジェンダー差別的な含意に満ち，とりわけアフリカ系米国人のシングルマザーを標的にしていた（Mink 1998）。

2)　第二次世界大戦から帰還した先住民兵士には，先住民としての地位を放棄すればカナダ連邦選挙の投票権が与えられたが，地位を放棄した人はほとんどいなかった。先住民に対して選挙権が公

式に拡大されたのは 1960 年である。オーストラリアでは，1949年の時点で帰還兵および州レベルの選挙権取得者（クイーンズランド州と西オーストラリア州を除く）は投票できたが，後者の制限は 1962 年まで撤廃されなかった。また，1967 年まで，アボリジニはオーストラリアの人口に数えられていなかった。

3) もっと強引な同化手段もあった。最も著しいのは，20 世紀の大半にわたって実施された寄宿学校であり，後には「欧州の中流階級の基準で不適切と判断された」家庭からアボリジニの子どもを隔離することだった。そして子どもたちは，「施設に預けられるか，そうした基準を満たすとされた白人家族の養子に出された」（Finkel 2006: 316）のである。

4) ラテンアメリカにおける人種的序列と市民権については，Rojas（2002）と Wade（2004）を参照。

5) フォーディズム的生産とは，たんに組立ラインの出現を指すのではなく，OECD 諸国の戦後高度成長に中心的な役割を果たした広義の大量生産システムを指す。ケインズ主義福祉国家は，大量消費（つまり大量生産された商品に対する人々の購買力）を支える限りでフォーディズムの重要な補完物だった。

6) カナダは社会政策の第二次拡大期に，多言語・多文化的アイデンティティを公式に採用した（Myles and St-Arnaud 2006: 345）。一方，スウェーデンの多文化主義の受容は，福祉レジームを刷新してジェンダー平等を取り入れたのと同時期だった。

7) 8 種類の多文化政策は以下の通り。(1) 憲法，法律，または議会による多文化主義の確認，(2) 学校カリキュラムへの多文化主義の採用，(3) 公共メディアの任務やメディアの認可条件に少数民族の描写や少数民族への配慮を追加すること，(4) 制服規定や日曜休業法の適用除外，(5) 二重国籍の容認，(6) 民族団体への資金援助，(7) 多言語教育や母国語教育への資金援助，(8) 不利な立場にある移民集団のためのアファーマティブアクション（Banting et al. 2006: 56）。

8) 先住民の権利の承認に向けた公的な取り組みは以下の通り。(1) 土地の権利ないし所有権の承認，(2) 自治権の承認，(3) 過

去の条約の維持と新しい条約の締結，(4)文化的権利の承認，
(5)慣習法の承認，(6)中央政府における代表権ないし協議権の
保証，(7)憲法または法律による先住民の特別な地位の確認，
(8)先住民の権利に関する国際文書への支持ないし批准，(9)ア
ファーマティブアクション（Banting et al. 2006: 62）。

9) 彼らの研究は，旧来の先進国の福祉国家に焦点を当てている。
しかし，彼らがもしラテンアメリカに目を向けていたら，「ピン
クの波」〔2000年代初頭の中道左派政権の台頭〕における左派の
勝利の結果，先住民の権利の承認と福祉国家の拡大の間に正の相
関が見いだされたかもしれない。ヴァンコットが主張するように，
「多文化主義運動は，民族的要求と経済的要求を結びつける新し
い語り方を打ち出した。そうすることで低所得者と左派の改革連
合を蘇らせたのだ」（van Cott 2006: 272）。

10) Lister et al.（2007: 94）および Kiliç et al.（2008）の *Social
Politics* 特集号を参照。

11) 連邦制が福祉国家の発展に及ぼす影響という問題は，これま
であまり注目されてこなかった。Obinger et al.（2005）のほか，
Pierson（1995）を参照。連邦制の仕組みが仕事と家族生活の両立
政策に及ぼす影響については，Mahon and Brennan（2013）を参
照。

第8章

グローバル化と社会政策

　グローバル化は当初，福祉国家に対する脅威と見なされていた。新自由主義的グローバル化がもたらす経済的圧力によって，福祉国家は削減ないし解体され，贅肉のない競争国家に置き換えられるのが不可避だろうと思われていた（Cerny 1997）。しかしながら，世界中で貧困が再発見され（Noël 2006），国境に基づく社会権の構想が移民の増加によって挑戦を受け，そして言うまでもなく政策アイディアや「ベストプラクティス」〔見習うべき最優良事例〕認定が国境を越えて広まるようになったことで，社会政策の課題はグローバルな議題に押し上げられた。『グローバル社会政策——国際機関と福祉の未来』（Deacon et al. 1997）の刊行によってグローバル社会政策という新たな概念と研究領域が開拓され，研究者たちは旧来の比較社会政策における方法論的ナショナリズムを克服し，国境を越えた要因や機関を考慮に入れるようになった。

本章ではまず，経済のグローバル化が先進国の福祉国家に及ぼす影響に関する初期の論争を簡単に振り返る。この論争はさまざまな仕方で削減命題に異議を唱えた人々の勝利に終わったように見えたが，2008 年の金融危機の衝撃を受けて，グローバル危機が国家スケールにおける緊縮政治に拍車をかけたと主張する人々と，依然として福祉国家の「再調整」が重要な議題になっていると主張する人々との間で論争が再燃した。第 2 節では，グローバル社会政策というアイディアについて考察するが，その際，その形成に関わる主なアクターや，新自由主義改革を主張する人々と万人の社会権を求める人々との間のグローバルな「陣地戦」（とディーコン（Deacon 2007）が呼ぶもの）の諸要素に注目する。最後の節では，目下分裂しているガバナンス構造を克服するためのさまざまな努力とともに，人権志向の国連機関〔ILO（国際労働機関）や UNICEF（国連児童基金）など〕よりも特に世界銀行や IMF（国際通貨基金）などの国際金融機関のほうが覇権を握っていることへの対抗の試みについても検討する。

グローバル化，危機，福祉国家の終焉？

　グローバル化の帰結に関する当初の論争は，新自由主義的グローバル化の圧力が「底辺への競争」をもたらすだろうと主張する人々（Mishra 1999）と，比較的発展した福祉レジームを持つ国家は国際競争激化の影響を緩和するのに有利な位置にあると反論する人々（Garrett 1998; Swank 2002）との間で戦わされた。しかし，ピアソン（Pierson 1998）は，工業的社会経済構造からポスト工業的なそれへの移行にともなう福祉国家の内部構造の変化がグロー

バル化と少なくとも同程度に重要だと指摘することで，議論の転換を促した。さらに重要なこととして，

> ポスト工業経済への移行にともなって緊縮財政の状況が続くようになるが，ほとんどの国では公的社会保障給付に対する支持が強力なので，福祉国家が解体することはまずありえない。むしろ，改革が成功するのは，妥協に基づいて社会契約を再編し刷新する場合だろう。(Pierson 1998: 539)

　そこで研究者は，第5章で検討したような社会政策の諸構想に基づいて福祉国家を刷新する努力に焦点を当てるようになった。例えば，「新しい社会的リスク」に取り組むのにふさわしい手段を突き止めようとする人もいれば，ポスト新自由主義時代の社会政策構想を提供しそうな社会的投資の考え方の台頭を跡づけようとする人もいた。

　2008年の金融危機――ファンズワースとアーヴィング（Farnsworth and Irving 2015）の説では複数の危機の連続――は，米国住宅市場のバブル崩壊から英国・アイルランド・アイスランドの銀行破綻へと急速に損害を広げるなかで，グローバル化に誘発された緊縮財政の妖怪を蘇らせた[1]。2009年の「大不況」がユーロ圏全域だけでなく中国や日本などアジアの輸出志向経済にも波及する一方，2009年の欧州債務危機は，ポルトガル・スペイン・イタリア・アイルランドの経済にとりわけ深刻な打撃を与えた。

　金融市場の国際化に加えて，マクブライドの主張によれば，国際機関が，社会保障制度に悪影響を及ぼす新自由主義的財政再建

の「ロックイン」〔固定化〕の一因となった（McBride 2015: 34）。例えば，欧州委員会・欧州中央銀行・IMF という国際機関の三巨頭は，南欧諸国における社会保障制度の再編において直接的な役割を果たした（Ayhan and McBride 2015; León et al. 2015）。ギエンとパヴォリーニが主張するように，南欧諸国の脆弱性は，「部分的には内部構造の硬直性と問題点に関連しており（特にギリシャ・ポルトガル・イタリア），部分的にはグローバル金融危機とバブル崩壊の結果でもあった（スペイン）」（Guillén and Pavolini 2015: 148）。自国の議会その他の代表機関から遠い場所で取り決められた改革パッケージは，社会権の大幅削減を押しつけるもので，よくて「減算的再調整」の過程，つまり「インサイダー」と「アウトサイダー」の格差を，主に従来インサイダーに提供されていた保護の引き下げによって縮小する過程だった（Guillén and Pavolini 2015: 150）。スペインでは，「新しい社会的リスク」への取り組みに着手していた改革過程が中断された（Guillén and Pavolini 2015: 150）。他の欧州諸国でも，ジェンダー平等をめざす社会政策改革の進捗が鈍化している（Leschke and Jepsen 2014）。しかしながら，危機後の英国・デンマーク・オランダ・ドイツの社会政策改革を比較したファンケルスベルヘンら（van Kersbergen et al. 2014）が示唆するように，緊縮財政が「欧州における唯一のゲーム」となったわけではない。国際的影響の衝撃が及ぶタイミングや範囲や規模は，依然として国内政治を含む国内の情勢によって決まるのだ（Farnsworth and Irving 2015）。

　カナダ・英国・オーストラリアは，緊縮財政を，国際的強制によって押しつけられたのではなく自ら「選択」した国である。それとは対照的に，オバマ政権下の米国は，いくつかの分野で「密

かな社会政策の拡大」を進め，とりわけ失業保険の大幅な拡充を実現できた（Boychuk 2015）。中国でも，危機はどちらかと言えば社会政策の拡大過程を加速させた（Hong and Kongshøj 2014; Cook and Lam 2015）。社会政策の拡大は，他のアジア主要国や他の地域の途上国，とりわけラテンアメリカや南部アフリカの新興諸国でも生じていた。多くの点で，こうした改革は先行する危機への対応だと考えられる。例えばペング（Peng 2011: 69）は，日本と韓国の社会政策改革のうねりを，1997 年のアジア金融危機によって生じた機会と結びつけている。同じ危機は，インドネシアで進行中の社会政策基盤整備の取り組みに道を開いた（Sumarto et al. 2010; Peck and Theodore 2015: 115）。同様に，1994 年のペソ危機はメキシコの条件付現金給付制度であるプログレサの発展の背景となり（Peck and Theodore 2015: 65），2001 年のアルゼンチン危機は中道左派のキルチネル政権による重要な社会政策の発展の幕開けとなった。

　国際的な経済ショックから生じる危機は，こうした改革の直接的なきっかけになることが多いとはいえ，いくつかの事例（例えば韓国）では，すでに進行中の過程をたんに加速させただけだった（Starke et al. 2013）。ピアソン（Pierson 2011）による1970 年代以降の社会政策の比較分析が警告しているように，「恒久的緊縮財政か社会イノベーションか」の論争の最終評価は長い年月を経ないと下せない。とはいえ，経済危機がもたらす課題に対する各国の解決策は，他の国と無関係に立案されるのでないことは明らかである。国際機関などのグローバルアクターが，社会政策の問題定義や可能な解決策の範囲を決める手助けにますます

関与するようになっている。さらに言えば，新自由主義の教えはいくつかの領域で挑戦を受けている。ホワイトサイドが主張するように，

> マクロ経済学者たちは，財政再建が，短期的な利益を欠いているだけでなく，長期的な経済回復の可能性も阻害していると報告することが多くなっている。ポール・クルーグマンのような有力経済学者たちに指導された「ニューケインジアン」の考え方は，学術雑誌や一般紙の世界で目立つようになってきた。主要な国際機関や団体の同じく有力な政策アドバイザーたちも，緊縮財政の効用に公然と異議を唱え始めた。
> （Whiteside 2015: 258）

　社会政策について言えば，恒久的緊縮財政に代わるものとして社会的投資（特にその社会民主主義バージョン）が期待され続けている。

グローバル社会政策

　『グローバル社会政策——国際機関と福祉の未来』（Deacon et al. 1997）の刊行は，グローバル社会政策を新たな研究分野として確立するのに役立った。もちろん，国際開発に携わる人々は以前から国際機関の政策的影響力を認識していたが，ディーコンと彼の仲間が社会問題に対する国境を越えた関心と関与の増大について考察するようになったきっかけは，ソ連崩壊後の体制移行を方向づけた国際的アクターの役割に気づいたことだった（Yeates

2008: 11)。ディーコンによれば，グローバル社会政策は「2つの事項からなる。第一に，国際機関などのグローバルアクターが各国に向けて提示する社会政策の処方箋である。第二に，グローバルな再分配，グローバルな社会規制，グローバルな社会権に関する，新しい超国家的な社会政策と機構である」（Deacon 2007: 1）。後者については次節で検討する。本節では前者に焦点を当てる。

　グローバルアクターは，喫緊の問題とその解決方法を特定する国際会議，各国の成果を監視し比較するための指標の開発，技術援助の提供，および財政支援の条件付与といった強制手段を通して，社会政策のアイディアの開発と売り込みに関与しうる。理由はさまざまだが，伝播しやすい政策アイディアとそうでもない政策アイディアがある。フォングリスチェンスキとライザリングは，普及を促進する5つの要因を挙げている（Von Gliszczynski and Leisering 2016: 5）。

①ある国際機関が，そのアイディアないし「モデル」を任務の一環として定めていること。
②ゼロから新しいモデルを定義するのではなく，国際機関が提案したモデルやすでに一部の国で採用されているモデルなど，先行するモデルを取り入れていること。
③一流の専門家コミュニティや仲間だと認められる他の組織の専門家によって提供された理論や経験的根拠に言及することで，正当性を獲得していること。
④抽象度の高い知識から導き出された一般的なアイディアによってフレーミングされたモデルであること。社会政策以外の政策分野の有力なアイディアと結びついたモデルであ

ること。
⑤世界の人々の心に響く名称を持ったモデルであること。物
　　語や定量的根拠といった言説実践によって支持されたモデ
　　ルであること[2]。

　とはいえ，それだけではない。ジェンソン（Jenson 2010）が強
調するように，「政治空間」の創出は政策アイディアの普及にと
って決定的に重要である。例えば，1980 年代には新自由主義の
アイディアが台頭したが，異論がなかったわけではない。事実，
ディーコンは次のような示唆さえしている。

　　有力な国家（特に米国），有力な機関（IMF など），さらには有
　　力な学問分野（経済学など）も，他の有力な国家（特に EU・
　　中国・ブラジル），他の有力な機関（ILO など），他の学問分野
　　（社会科学・政治学など）と争い，グローバル政策の内容をめ
　　ぐる陣地戦[3]を戦っている。（Deacon 2007: 16）

　ディーコンによれば，グローバル社会政策をめぐる戦いは，極
貧層のための「セーフティネット」を強調する新自由主義と，中
流階級も考慮に入れた普遍主義的政策の間の競争を軸に戦われる
ようになった[4]。コルピとパルメ（Korpi and Palme 1998）の言う
「再分配のパラドックス」〔給付対象を貧困層に限るとかえって貧困や
不平等を削減できないというパラドックス〕の論理に従うなら，後者
は倫理的にも政治的にも重要だと考えられる。例えば，1990 年
代の貧困「再発見」以来，世界銀行は社会支出に対する残余的ア
プローチを提唱する一方，OECD（経済協力開発機構）は社会的投

資の考え方を支持してきた（Jenson 2010）。このような分裂は，幼児政策の分野でも極めて明白である（Mahon 2016）。おそらくもっと驚くべきことに，貧困層を対象とした社会的投資政策として世界銀行が支持してきた，条件付現金給付（CCTs）をめぐる論争でもこうしたことが生じている。しかし，ペックとセオドアが主張するように，「条件付現金給付への「一辺倒」がもたらした意図せざる結果の一つは，社会保護政策という変化しつつある領域において，受給条件を課すことに反対する立場に耳を傾け，活気づけさえしたことかもしれない」（Peck and Theodore 2015: 129）。

　さらに重要なのは，以下のように，ペックとセオドアの分析が「普及」過程の重要な特徴を強調していることである。

　　　社会政策をめぐる対話は，かなりの程度まで国境を越え，流行のグローバルモデルの影響下でなされることが多くなっているかもしれないが，同時に，国内政治の圧力，「問題」に関する言説的イメージ，政策的先例によって限定と活気を与えられていることも否定できない。条件付現金給付をめぐって設けられた実験場は多様なアクターからなる空間であり，流行のモデルは現われては消え，公認の政策決定処方箋も絶えず編集され続ける傾向にある。（Peck and Theodore 2015: 120）

　言い換えれば，政策アイディアは世界中に滑らかに「普及」するわけではなく，有力な国際機関や国家から発する一方向の流れでもない（Kingfisher 2013 および Clarke et al. 2015 も参照）。むしろ，

南から北へ，南から南へ，そして国家（や地方）レベルからグローバルレベルへ，さらには国際機関から各国政府へと向かう多方向の流れである。その途中でアイディアそのものが変容する。ツィンが主張するように，こうした伝播は「摩擦のない」ものではない。むしろ，その流れは摩擦によって特徴づけられる。「摩擦は，グローバルなつながりを苦もなく強力で効果的なものにする一方，グローバル権力の円滑な作動を妨げもする。差異は混乱を生み，日常的な誤作動や予期せぬ大災害を引き起こす」（Tsing 2005: 6）。

　世界銀行のような国際機関でさえ一枚岩でも静態的でもないと知ることも大事である。世界銀行の年金民営化推進キャンペーンは，こうした多重合併症的状況を申し分なく例示している。この運動は，シカゴ学派の新自由主義経済学の訓練を受けたチリの経済学者チームによって，1980 年代初頭にピノチェト政権下のチリで始まった（Orenstein 2005: 190）。こうしたアイディアは 10 年近く経って，ローレンス・サマーズ（当時，世界銀行チーフエコノミスト）の指揮のもとで世界銀行に取り入れられた。この立場に対して，ILO は外部から異議を唱えた。ILO の主張によれば，「民営化は人口学的に不可避なわけではなく，欧州型の制度は改革可能かつ持続可能であって，民営化戦略は民間の資本貯蓄の割合を高めるための口実に過ぎない」（Deacon 2007: 65）。内部からも異論が出た。例えば，世界銀行の開発経済部門の「カリフォルニアガールズ」（エステル・ジェイムズと彼女の仲間）は『老年危機を回避する』（World Bank 1994）という報告書を作成して民営化の論拠を説明したが，東欧業務部門は「東欧における従来の慣行に沿った」文書を作成していた（Deacon 2007: 33）。社会保護担当

トップのロバート・ホルツマンの指揮のもとで，世界銀行は「多柱型アプローチ〔強制加入かつ民間運営の確定拠出年金を含む複数の柱を組み合わせた老齢所得保障〕を採用するのが賢明だと各国政府の官僚に納得させるためにかなりの資源を投入した」（Deacon 2007: 34）。しかし，1999年にはサマーズの後継者であるジョセフ・スティグリッツが，年金民営化に対する強力な批判を開始した。同年にスティグリッツが解任されたことで，ホルツマンは新自由主義改革を推し進め，かなりの（しかしなお凹凸のある）成功を収めたが[5)]，世界銀行は2005年と2006年に「年金民営化および世界銀行がそれを擁護したことを痛烈に批判する」2つの報告書を刊行した（Béland and Orenstein 2013: 130）。ホルツマンが引退し「年金民営化にあまり関心のない労働市場の専門家」（Béland and Orenstein 2013: 131）が後任となったことで，世界銀行は新自由主義の教えのこの箇条をひっそりと取り下げた。

　こうした世界銀行の姿勢の変化は，もちろん真空のなかで起こったのではなく，チリや米国における出来事から勢いを得ていた。例えば，世界銀行が年金民営化キャンペーンを取り下げたのとほぼ同じ頃，当時新たに選出されたチリの中道左派政権は，幅広い貧困削減キャンペーンの一環として年金民営化批判を開始した。米国では，ブッシュ政権が老齢社会保障制度の民営化を推し進めることに失敗した（Béland and Orenstein 2013: 131）。言い換えれば，機関内および機関間におけるアイディアの戦いの勝敗は「現実世界」の出来事に左右されるのだ。

　国際機関に多くの注目が集まるなか，イエイツは，特に「非エリートの活動，つまり，国際的な政府間会議と同時に開催される多数の非政府会議や社会フォーラムで活動する社会運動やNGO

（非政府組織）の活動」を考慮に入れるべく，注目するアクターの範囲を広げるべきだと説得的に主張した（Yeates 2008: 13）。例えば，国際 NGO のヘルプエイジ・インターナショナルは，ILO と（民営化を取り下げた）世界銀行から支援を受けながらではあるが，社会年金（既存の社会保険制度が適用されないインフォーマル経済の人々を包摂すべく設計された，国庫負担による均一年金）の普及に決定的な役割を果たした。イエイツの方法は，こうした事例に光を当てるのに役立つ（von Gliszczynski and Leisering 2016: 8; Walker-Bourne et al. 2011 も参照）。ボリスとフィッシュ（Boris and Fish 2014）は，ハウスホールドワーカーズ・ワールドワイドが ILO に働きかけて家事労働者の権利を擁護させることに成功したキャンペーンについて記録している。ディーコン（Deacon 2007: 第 5 章）も，シンクタンク，専門家ネットワーク，コンサルティング会社，そしてもちろん多国籍企業グループを考慮に入れるよう主張している[6]。

　注目するアクターの範囲を広げて，社会運動や国境を越えたアドボカシーネットワーク（Keck and Sikkink 1999），さらには世界社会フォーラムのような「もう一つのグローバル化」の現場（Pleyers 2011; Conway 2012; Friesen 2012）も考慮に入れれば，「陣地戦」の範囲は，ディーコン（Deacon 2007）が当初考えていたものより拡大する可能性もある。そうなれば，国際機関好みの自由主義バージョンを超えたジェンダー平等言説（Marx Ferree and Tripp 2006; Dufour et al. 2010），自由貿易協定に謳われた地域主義に代わる「代替的地域主義」の構想（Olivier and Brennan 2010），移民のための国境を越えた市民権の考え方（Sarvasy and Longo 2004），「脱成長」のようなラディカルな環境戦略（Dimaria et al.

2013) なども考察対象に含まれることになるだろう。

国境を越えた社会ガバナンス

ディーコン (Deacon 2007) が指摘したように，グローバル社会政策は国境を越えた社会政策も意味している。国境を越えた社会政策とは，薄いながらも広がりつつあるグローバルな権利（女性の権利，先住民の権利，移民の権利）の層のことで，特に 1990 年代に，一連の国連会議や世界サミット，ILO 条約などのグローバル規制，グローバルな規模の貧困と不平等に取り組むための再分配プログラムなどに助けられて急成長した。しかし，こうしたグローバル社会政策を支えるために設計された既存のガバナンス構造は分裂している。ディーコンの指摘によれば，「世界には現在，事実上，2 つのグローバル保健省，2 つのグローバル教育省，2 つのグローバル社会保護省がある」(Deacon 2007: 10)[7]。さらに，「単一の首尾一貫したグローバル政府がないので，グローバル政策の実施には通常，国家レベルまたはローカルレベルの政府機関の協力が必要である」(Orenstein 2005: 177)。実際，序列の欠如は，国境を越えた社会ガバナンスのスケール横断的〔世界をローカル・ナショナル・リージョナル・グローバルなどの活動スケールの複合からなるものと見る。もとは地理学の概念〕な性格を際立たせる (Keil and Mahon 2009)。

ディーコン (Deacon 2007) の「2 つの省」命題が示唆するように，重要な研究課題の一つは，人権志向の国連機関とその関連機関が，有力な国際金融機関に対して，覇権とは行かなくても，少なくとも事実上の影響力を確保しようとした運動である。MDGs

（ミレニアム開発目標）はその一例である。1995年のコペンハーゲンにおける世界社会開発サミットを頂点とする国連会議と世界サミットはMDGsの推進力となったが，主導権を握ってこれらの会議の成果を6つの国際目標にまとめたのはDAC（OECD開発援助委員会）だった（DAC 1996）。これらの目標は，当時のコフィ・アナン国連事務総長の主導と，その頃までに貧困削減の課題を採用していた世界銀行の支持によって，MDGsに取り入れられ精緻化された。フクダ－パーとヒューム（Fukuda-Parr and Hulme 2011: 22）が指摘するように，当初のミレニアム開発宣言の幅広い目標は，その後，主にDAC，世界銀行，UNDP（国連開発計画）から動員されたテクノクラートによる小規模の機関横断グループによって，18の目標と48の指標に集約された。ただしMDGsは，不平等の一つの指標を特定し，達成に向けた明確な日程表付きのグローバル目標を設定し，「グローバルパートナーシップ」の発展を盛り込んだものの，最貧層に対象を絞った新自由主義的社会政策を中心としていたので，「コペンハーゲン社会サミットの普遍主義的な公約からの後退」（Deacon 2013）と見なされうる。また，初等教育やリプロダクティブヘルス〔性と生殖に関する健康〕の分野における普遍主義的な公共サービスの提供についても，目標が限定的だった（Deacon 2007: 61）[8]。MDGsを引き継いだSDGs（持続可能な開発目標）は，前者をはるかに凌ぐものである。例えば，前者よりも平等を中心に据え，ジェンダー平等に関する指標を大幅に拡充している。

　グローバル社会保護フロア〔社会保護の床。最低限の社会保護〕はさらに大胆な構想だが，そこではILOとその関連機関が重要な役割を果たしてきた。社会保護フロアは，基本的な社会保護の

保証を実質的な意味でグローバルに確約しようとするものだった。特に医療アクセスと所得保障の分野において，生涯を通した保護を約束するものである。グローバル社会ガバナンスの観点からさらに重要なのは，ILO とその関連機関が，国際金融機関から普遍主義原理への支持を取り付けられるようなスケール横断的ガバナンス構造を確立しようとしたことである。

　MDGs と同様，この構想の起源は 1990 年代にある。とりわけ，後に ILO 事務局長になったフアン・ソマヴィアが議長を務めた社会開発サミットや，1997 年から 2004 年にかけて GASPP（グローバリズムと社会政策プログラム）が開催した年次セミナー，OECD-DAC の貧困ネットワーク（POV-Net）などが挙げられる（Deacon 2013: 19）。ILO の内部では，ビスマルク型社会保険制度とフォーマル部門労働者に重点を置く自らの伝統を乗り越える推進力は，「社会政策と開発」ユニットとガイ・スタンディングの「社会経済保障に関する焦点プログラム」から生まれた（Deacon 2013: 第 2 章の各所）。ILO が始めた 2004 年の「グローバル化の社会的次元に関する世界委員会」で，グローバル社会保護フロアの呼びかけが初めて発表された。しかし，ILO が他の国連機関，主要援助機関，そしてヘルプエイジ・インターナショナルやセーブ・ザ・チルドレンといった国際 NGO の支持を獲得し始めたのは，フィンランドのケロコスキで開かれた「グローバル化する世界における現金給付政策に関する会議」であり，2007 年に公式の提携が結ばれた。

　社会保護フロアの主張は，社会年金と条件付現金給付の実験の成功によってさらに推進力を得た。ILO の社会保護財源に関する部門の責任者だったマイケル・シションは，後に「社会保障給

付の基本セットは途上国にも手が届くものだと証明されたことで，社会保障開発論争に付きまとう呪縛が初めて解かれた。しかし，社会保障が最重要の国際議題に押し上げられるには世界金融経済危機を待たなければならなかった」（Peck and Theodore 2015: 125 に引用）と述べている。もっと具体的に言えば，国連は 2008 年の金融危機への対応の最高責任者として国際金融機関から主導権を取り戻そうと躍起になっており，ソマヴィアは国連システム事務局長調整委員会のもとに置かれた「プログラムに関するハイレベルパネル」の議長としての立場を利用して，社会保護フロアを国連の金融危機対応の中心に据えることができたのだ。当初，構想の調整を担当した国連社会保護フロア構想委員会は，「国連と各国の共同作戦のためのマニュアルと戦略枠組」を開発する仕事に取りかかった。さらに重要なのは，社会保護フロアを実現するためのスケール横断的な仕組みを設計したことである。2012 年の G20 会合のために準備されたバチェレ報告は，次のように指摘している。

> 国家レベルの社会保護フロア活動は，各国の社会保護フロアタスクフォースを通して調整され実施される。タスクフォースは，各国政府が主導し，社会パートナー，社会保障機関，NGO，援助機関，二国間機関，および，国連機関と IMF および世界銀行の国・地域・本部スタッフを動員した国連社会保護フロア国別チームによって構成される。（ILO 2011: 76）

国連常駐調整官は，各国レベルの社会保護フロア工程を立ち上げ，国連社会保護フロア国別チームを組織し，各国タスクフォー

スの創設をめざすうえで重要な役割を果たすことになっていた。

しかし，この構想の成功には，主要援助機関だけでなく国際金融機関の支援が必要だった。この点，世界銀行が 2012 年に新しい社会政策の方針を採用したことは，同銀行がこの構想を好意的に見ることにつながり，おそらくその支配権を得ることにもつながった。例えば，世界銀行の支援と引き換えに，ILO と世界銀行が共同議長を務めることになる新運営組織，社会保護機関間協力委員会（SPIAC-B）が設立された。ディーコン（Deacon 2014）が指摘するように，世界銀行と ILO は多くの実質的ならびに方法論的な問題で意見が割れたままであり，ILO とその関連機関が勝利を収められるかは決して明らかでない。さらに重要なこととして，ILO と IMF の間にはある程度の和解が成立したものの，IMF の社会政策への関心は後退しているように見え，その「助言」が改革実施に必要な財政余力の創出に役立つか否かは明らかでない（Vetterlein 2015）。

グローバルなスケールにおけるこうした取り組みに加え，地域スケールの構想への関心も高まっている。そうした構想は，以下のような問いによって促進されてきた。

　　先進国主導の改良版グローバル化戦略は，「不相応な」グローバル社会労働基準を押しつけているのではないか。途上国には，先進国によって支配され先進国の利害関心に沿って活動する既存の「グローバル」機関を改革し強化するよりも，途上国の利害関心に適切に奉仕する新しい対抗力の源泉を作り出してグローバル機関を出し抜くほうが大事だと思っている人もいる。（Yeates and Deacon 2010: 28）

ディーコンとマコヴェイ（Deacon and Macovei 2010）は，地域スケールで活動する国際機関を3種類に区分している。すなわち，第一に地域開発銀行，第二に UNICEF（国連児童基金）のような国連社会機関の地域事務所，第三に ECLAC（国連ラテンアメリカ・カリブ経済委員会）のような国連の地域経済委員会である。これらの機関は，主に労働移民の管理，地域内における社会保障の移転可能性の改善，感染症の監視といった課題を中心に，管轄地域における国境を越えた社会政策ガバナンスの推進に取り組んでいる。国連の社会機関と地域経済委員会は，社会対話の仕組みやベストプラクティス学習の推進にも取り組んできた[9]。

　「代替的地域主義」を推進する構想もある。これは，新自由主義的グローバル化に対する代替案を地域スケールで発展させようとするプロジェクトである。オリヴィエとブレナン（Olivier and Brennan 2010）は4つの事例を研究した。すなわち，半球社会連合（ラテンアメリカ），南部アフリカ民衆連帯ネットワーク，ASEAN 市民社会会議，アジア民衆アドボカシー連帯の事例である。4つの団体とも，必要不可欠な公共サービスの民営化を拒否し，基本的必要に取り組む政策を前進させようとした（Olivier and Brennan 2010: 76）。彼らは，移民の権利を含めて，労働者のディーセントワーク〔働きがいのある人間らしい仕事〕への権利を擁護するための地域レベルの仕組みを要求した。また，経済領域と社会領域のつながりをふまえて，金融市場や多国籍企業の活動を地域レベルで規制し，地域内に新たな連帯融資の仕組みを設けることを求めた（Olivier and Brennan 2010）。「もう一つの欧州」を求める運動もある。さらに，PAAR（代替的地域主義に向けた民衆アジェンダ）は，さまざまな代替的地域主義プロジェクトの間

の協力を促進している[10]。

　国内の地方単位に焦点を当てた研究はまだほとんどない。しかしながら，ブラジルの地方における条件付現金給付の実験は，国の政策に影響を及ぼしただけでなく世界銀行からも注目された（Peck and Theodore 2015）。国境を越えた社会ガバナンスにおける「グローバル都市」の役割については，なおさら注目されてこなかった。ハドソンは，そうした都市が社会政策に対して持つ意味の分析を呼びかけてきた数少ない学者の一人であり，以下のように主張している。そうした分析を行なえば，

　　政策立案者に対するマクロレベルの圧力（すなわちグローバル化）の影響と言っても，それはミクロレベルのアクター（グローバル都市にある主要なグローバル機関で働く諸個人）が，主要なメゾレベルの機関（多国籍企業など）で活動し，他のメゾレベルの機関（政策ネットワークや政治機関など）と相互作用しながら表明するものだということをよりよく理解できるだろう。（Hudson 2012: 458）

　彼が指摘するように，そうした場所は，決まって移民の割合が高く多様な人々が住んでいて，社会的・経済的不平等が大きいことが特徴であり，同時に，各種の国境を越えたネットワークとつながっている。事実，ニューヨーク・パリ・ジュネーブといった都市には主要な国際機関の本部があり，しばしば国境を越えた社会運動の活動拠点として機能している。これらの都市は，生活賃金運動〔その都市で家族が暮らしていけるだけの賃金水準の保証を求める運動〕やベーシックインカムの実験など，社会政策の重要なイ

ノベーションのインキュベーターとしての役割を果たすこともある。

結　論

　グローバル化が福祉国家の衰退をもたらすのではないかという当初の懸念は杞憂に終わったが，2008年の金融危機とその余波はこの論争を再燃させた。同時に，南欧諸国が厳しい緊縮財政に追い込まれている間にも，途上国の一部では重要な社会政策の実験が繰り広げられていた。さらに，危機はILOとその関連機関がグローバル社会保護フロア構想を立ち上げる機会を提供した。この構想は，途上国において基礎的普遍主義に基づく社会保障制度の採用を促進するだけでなく，国際金融機関を仲間に引き入れて社会問題に取り組ませるグローバルガバナンスの仕組みを確立することをめざしていた。とはいえ，グローバル社会ガバナンスは依然として難しい仕事である。グローバル社会保護フロア構想の命運を占うのは時期尚早であり，MDGsの後継として2015年秋に採択されたSDGs（持続可能な開発目標）についてはなおさらである。地域組織やネットワークは，たんに「グローバルな」構想を地域に伝える中継点として機能するだけでなく，社会規制や再分配の試みがなされる実験場でもある。おそらく将来は，グローバル都市の果たす役割に注目が集まるだろう。かくして，イエイツが指摘するように，「単一のグローバル社会政策が存在するのではなく，多数の競合するグローバル社会政策構想が，多面的かつ多層的で首尾一貫しない一連の制度やプログラムのなかで流通しており，それがグローバルガバナンスのシステムとしてまか

り通っているのだ」(Yeates 2014: 35)。

註————————————

1)　カナダとメキシコは，NAFTA（北米自由貿易協定）〔現在は
USMCA〕を通して米国経済と結びついているが，「主に強い規
制や金融市場の国際化の遅れのおかげで」(Farnsworth and
Irving 2015: 63) リーマンショックからそれほど大きな影響は受
けなかった。

2)　ジェンソン（Jenson 2010）は，そうした名称の「多義的」性
格を強調している。言い換えれば，そうした名称はさまざまな勢
力に気に入られるように曖昧であることが多い。Tag (2013) も
参照。

3)　ディーコンはここでアントニオ・グラムシの概念を引用してい
る。陣地戦とは，市民社会の塹壕においてイデオロギー的覇権を
めざす長期の戦いを意味している〔短期決戦で権力奪取をめざす
機動戦と対比される〕。

4)　ディーコンはジェンダーと人種・エスニシティを彼の分析枠組
に包含しようとしているが，それらは「陣地戦」の中心としては
扱われていない。

5)　特にウェイランド（Weyland 2006: 第3章と第4章）を参照。
彼は，世界銀行の助言に従ったように見える国々においてさえ，
こうした改革案がかなりの抵抗に遭ったことを記録している。

6)　カーシュとマルテンス（Kaasch and Martens 2015）は，国際
機関やNGOに加えて，EUやBRICS，G20を主体ないし活動現
場として考慮に入れている。

7)　ディーコンはここで，世界銀行が，WHO（保健について），
UNESCO（教育について），およびILO（社会保護について）と
競合していることを言っている。

8)　MDGsのリプロダクティブヘルスの定義は，妊産婦死亡率と
の戦いに重点を置いているが，2015年に合意されたSDGs（持続
可能な開発目標）の第三目標に比べると見劣りする。目標3.7は，
加盟国が「家族計画，情報と教育，およびリプロダクティブヘル

スの国家戦略・制度への組み入れを含めて，性と生殖に関する保健医療サービスを誰でも利用できるようにすること」を公約している（UN Department of Economic and Social Affairs 2015）。

9)　社会政策改革の推進に対する ECLAC（国連ラテンアメリカ・カリブ経済委員会）の関与の拡大については，Mahon（2015）を参照。

10)　詳細については，Transnational Institute（n. d.）および Peoples Agenda for Alternative Regionalisms（n. d.）を参照。

終　章

　社会政策はこの数十年間に研究分野として飛躍的に拡大した。
これは特に比較福祉研究について言えることで，世界のあらゆる
地域を扱うべくその範囲を広げてきた。本書の８つの章では，こ
の分野における古典の貢献を無視することなく，今日の社会政策
の実務と研究が直面している多くの課題を位置づけるのに役立つ
最新の話題と考え方を紹介してきた。

　第一に，本書は従来の入門書と比べて，フェミニスト学者が福
祉レジームのみならず社会政策全般に対する私たちの理解を深め
るのに貢献したことを体系的に認めてきた。本書がさまざまな仕
方で示したように，ジェンダーは今日の社会政策研究の中心的カ
テゴリーである。ジェンダー分析は社会政策研究の主流の一部と
なっているし，今後もそうあり続けるだろう。

　第二に，本書はウィリアムズ（Williams 1995）のような学者の
先駆的な仕事に倣って，社会政策研究が国民と国境の定義の変化

をもっと真剣に受け止める必要があることを示唆してきた。グローバルな移民と経済的圧力の時代にあって，国境とメンバーシップの定義と再定義は，今日の福祉国家分析の中心に据えるべき重要な作業である。こうした指摘は，難民の定住，経済的移民，グローバルなケアの連鎖，地方ナショナリズムなど，さまざまな問題に当てはまる。

　第三に，本書は社会政策を学ぶ人に，グローバルガバナンスの問題，とりわけ国際機関やその他の国境を越えたアクターが社会政策で果たす役割に注目するよう勧めている。グローバル社会政策（Deacon 2007）と呼ばれるものの重要性の増大について強調することは，社会政策が依然として国民国家（場合によっては地方政府）の責任であることを否定するものではない。例えば，グローバル社会政策のアイディアは，国内の政策担当者の協力なしには実現する見込みがない（Orenstein 2008）。主要な政策分野における各国間の差異は依然として大きく，そうした差異の説明を目的とした比較政策研究は不可欠である。その一方で，社会政策のアイディアは多方向に伝播する。したがって，国境を越えた次元を考慮に入れることがますます重要になってきている。

　第四に，グローバル社会政策は，社会政策がもはや先進工業国（特に欧州諸国）によって完全に支配された領域ではないという事実に気づかせる。途上国は今や社会政策の重要な実験場となっており，途上国の学者の仕事は，先進国生まれの分析的・経験的知識に基づきながら，しかもそれに挑戦している。本書は，先進国と途上国の社会政策学者の対話を継続すべきだと強調してきたつもりである。

　最後に，本書は，社会政策におけるアイディアの役割を体系的

に研究すべきだと強く主張してきた。アイディアが役割を演じる認知的・フレーミング的・言説的過程は，各国で生じるとともに，「摩擦なし」にではないにせよ世界中に伝播していく。アイディアの重要性は社会政策研究でも認められるようになったが，制度分析や構造変化に比べるとまだ注目度は低い。とはいえ，福祉政治の形成において，アクターや制度よりもアイディアのほうが重要だと言いたいのではない。むしろ，アイディアに焦点を当てることは，福祉国家の発展に対する既存の研究方法への補完として役立つと主張しているのだ。特に社会政策の変化の問題を考察する場合にはそう言える。

これら5つの主要な貢献は，産業化論や権力資源論など，在来の研究方法が今日の社会政策研究でも依然として有効であることを否定するものではない。さまざまな視角を競争させるよりも，それらの間に実りある対話を生み出したいと思う。そのような対話を行なうには，既存の研究方法の区分に関する明確な理解とともに分析的な厳密さが求められる（Parsons 2007）。注意深くやれば，社会政策研究におけるこうした包括的方法は，既存の説明枠組の穴を埋め，社会政策の発展に関する一層洗練された研究方法を構築するのに役立つだろう（Myles and Quadagno 2002）。

あらゆる書物と同様，本書にも明らかな限界がある。それは，部分的には本書の入門的性格によるものである。既存文献にあるすべての理論や概念を概説するのではなく，分析的・経験的に最も有用と思われる理論や概念に焦点を絞ることにした。本書ではさまざまな経験的事例を取り上げたが，特定の国や制度を深く掘り下げることはしなかった。国ごとに多様な文脈で登場する社会政策の課題を，大まかに見渡すためである。

本書でほとんど言及も認識もされていない問題が，近い将来に社会政策論争の中心になるかもしれない。だからこそ，社会政策を学ぶ人はつねに新たな動向や課題に目を光らせている必要がある。新しい経験的の現実に直面すると，学者たちは既存の概念を修正したり，新たな概念を考案したりする。例えば過去 10 年間に，マイケル・ケイヒル（Cahill 2002），トニー・フィッツパトリック（Fitzpatrick 2011, 2014），イアン・ゴフ（Gough 2015）といった学者が，福祉や人間的必要と，気候変動などの環境問題との関係〔社会正義と環境保護の両立可能性〕について探究し始めた。同時に，欧州や中東における近年の難民危機を受けて，移民への関心が高まっている。移民問題は，社会政策をめぐる政治や，右派ポピュリズムの台頭——2016 年 6 月に英国で実施された EU 離脱をめぐる国民投票で「ブレグジット」陣営の勝利をもたらした類の——と関連しているからである。さらに，ファンケルスベルヘンとマノウは著書『宗教，階級連合，福祉国家』（van Kersbergen and Manow 2009）で，欧米の福祉国家の発展における宗教と社会政策の関係を探究したが，この問題はかつてなく差し迫ったものになっている。というのは，多くの国で宗教福祉への依存が続く一方（Jawad 2012），移民の増大にともなって宗教の違いが新たに注目されているからである。最後に，性自認と性的指向の問題は，今日の社会政策論争にますます浸透してきている。LGBT（レズビアン，ゲイ，バイセクシュアル，トランスジェンダー）の権利を求める世界中の声が，同性パートナーを含む，現金給付や医療サービスへの平等なアクセスといった中核的な社会政策課題と触れ合っているからである（Lind 2004）。

　これらの問題は，過去 20 年にわたってグローバル社会政策の

議論の中心となってきた，社会的包摂というさらに幅広いテーマと関連している（Béland 2007）。その一方で，「新しい」問題の登場によって，階級や所得の不平等との戦いなどの古典的な社会政策課題が排除されるべきではない。それらは世界中で主要な政策課題であり続けている。経済的不平等は，ミラノヴィッチ（Milanovic 2005），OECD（2011, 2015），ピケティ（Piketty 2014）などによる最近の出版物や，「上位 1%」からの所得再分配を求める「オキュパイ運動」のような社会運動によって，新たに注目されるようになった。その結果，経済的不平等と財政的再分配と社会政策の関係や，すべての市民のためのベーシックインカムや最低保証所得といった進歩的な政策代替案について，さらなる研究が必要とされている（Sheahen 2012）。

　本書が示唆しているように，社会政策という分野は変化に満ちており，この数十年で経験的にも理論的にも大きく進歩した。今日，私たちは国内外の社会政策について，かつてないほど多くのことを知っている。そのような社会政策の知識は重要である。なぜならそれは，今日の社会の主要な側面を歴史と比較の観点からよりよく理解するのに役立つからであり，個人と共同体の日常生活に大きな影響を及ぼす社会保障制度を改善するための手段を提供するからでもある。

訳者あとがき

本書は，Daniel Béland and Rianne Mahon, *Advanced Introduction to Social Policy*, Edward Elgar, 2016. の全訳である。2023 年中には原書第二版が出版される予定で，原著者の好意により第二版の原稿も検討したが，簡潔な初版のほうに準拠することとした。第二版のメッセージの一部は，原著者による「日本語版への序文」にも盛り込まれている。

本書は社会政策研究の世界標準を示す最新の入門書である。社会政策を専攻する大学院生は，本書を通して，最近の国際学会や国際雑誌でどのような話題が論じられているかを一望できる。学生だけでなく他分野の専門家も，社会政策という研究分野の魅力や基本的な考え方を知ることができるだろう。社会学，ジェンダー論，移民研究，比較政治学，国際関係論，国際開発学などの参考書としても面白く読んでいただけるはずである。

一般読者には，変わりゆく世界を捉え，世界を変えてゆく手がかりとしていただければ幸いである。本書は社会政策の研究方法として，政策変化においてアイディアが果たす役割に注目することを提案している。しかし，これはたんなる研究方法に留まらない。閉塞状況を打破しようとする政治家や官僚，政策起業家に行動のヒントを提供することになるかもしれない。企業経営者やジャーナリストにも，ぜひ手に取っていただきたいと思う。

著者の一人ダニエル・ベランは，社会政策を中心とする公共政

策の研究者であり，福祉国家再編の政治学的な論理を捉える研究に取り組んでいるほか，本書でも詳説されている，政策変化におけるアイディアの役割や政策フィードバックに関する研究で世界をリードしている。1999 年にフランス社会科学高等研究院で政治社会学の博士号を取得した後，カルガリー大学准教授，サスカチュワン大学教授などを経て，2019 年にはマギル大学カナダ研究所長に就任し，あわせて同大学政治学部ジェイムズ・マギル教授を務めている。2014 年から 2023 年まで，世界社会学会社会政策部会（ISARC19）の会長を務めた。

　もう一人のリアン・マホンは，比較社会政策学者であり，福祉レジーム再編における保育の位置づけに関する比較政治学的研究や，移民ケア労働者に対するグローバル社会政策のジェンダー分析のほか，本書にも登場する，スケール横断的なガバナンスをめぐる考察で著名である。トロント大学で政治学の博士号を取得した後，カールトン大学公共政策・行政学部教授を経て同大学政治経済研究所長を務めた。2010 年には，バルシリー国際問題大学院 CIGI チェアおよびウィルフリッド・ローリエ大学政治学部教授に就任した。現在はカールトン大学特別研究名誉教授である。2019 年にはカナダ王立協会会員に選ばれた。

　本書の構成を見ると，少し前の社会政策の教科書とかなり印象が違うことに驚かれるかもしれない。途上国の福祉に多くのページを割くとともに，ジェンダー，エスニシティ，グローバル社会政策といった多岐にわたるテーマを扱っている。原著者は本書の構成について理論的な説明を与えていないが，訳者から見ると，本書のような展開には，たんに学界の研究動向をなぞっただけで

はない論理的必然性があるように思われる。

つまり，第1章で説明されているように，先進福祉国家は資本主義（経済的不平等をもたらす）と民主主義（社会的平等を要請する）の間の矛盾を調停するために登場したが，政治共同体としての国民国家や，当時の家父長制家族を前提としていた。その意味で，エスニシティやジェンダーの問題が取り上げられるのは，社会政策が無自覚に依拠していた前提への問い直しである。新興国や途上国に視野を広げれば，資本主義と民主主義の関係はさらに多様な相貌を呈し，問題への対応はスケール横断的なグローバル社会政策として展開されざるをえない。さらに，終章でわずかに言及されているように，現在では人間のウェルビーイングと惑星的限界の関係が意識され，社会正義と環境保護の両立可能性が問われている（ゴフ 2023）。コロナとウクライナで時代は一回転し，脱グローバル化の徴候さえ窺われるが，資本主義と民主主義が展開していく限り社会政策の課題が消え去ることはない。

日本の読者から見ると，本書のなかの日本に関する記述に違和感を覚えるかもしれない。訳者もそうなのだが，いちいち訂正や註釈を加えることはしなかった。日本の社会政策学者としては残念なことに，130年の伝統を誇る日本の社会政策学の成果は本書に一つも引用されていない。本書を読んだ大学院生や若手研究者が，日本の知的伝統と社会的現実をふまえつつ，世界と対話できるような研究成果を発信してくれることを願ってやまない。

ここで少しだけ，訳者の個人史に触れることをお許しいただきたい。1994年に日米仏の家族政策言説を比較する卒業論文を書いたが，本書第4章の研究枠組を知っていればもっと面白く展開

できたに違いない。アジア経済危機後の世界銀行の政策処方箋に疑問を感じ，2003年にはワシントンの世銀本部までインタビューに出かけたが（大沢ほか 2004），実力不足で全体像をつかめなかった。本書144～145頁の説明を読んで謎が氷解した。何よりも，1997年以来エスピン‐アンデルセンの福祉レジーム論を東アジアに拡張しようと奮闘してきた立場からすると（上村 1999, 2015），本書第3章第3節の広がりには深い感慨を覚える。と同時に，本書に引用されるような英語論文を発信できなかったことが悔やまれる。原著者の勉強ぶりと対照的な訳者の怠惰を顧みて忸怩たるものがある。

　本書を訳すことにしたきっかけは，原著者の一人ダニエル・ベランさんとの出会いである。2011年，ソウル大学で開催されたISARC19の朝食会場でベランさんに会い，同学年と知って親しく話すようになった。当時ベランさんはRC19の事務局を務めていたが，日本から一人で参加した心細げな訳者を笑顔で迎え入れてくれた。その後，2018年のISAトロント大会の書籍販売コーナーで原書を見つけ，ベランさんに翻訳を申し出た。2019年春学期の名古屋大学文学部の講読テキストに指定して毎週の授業後にどんどん訳し，夏休みに環境学研究科の客員教員として招聘したベランさんに疑問点を質してすぐに出版に持ち込むつもりだったが，訳者の生活態度ではそんなに計画通りに進むはずはなかった。それから4年もの歳月が流れてしまったことを，原著者と出版社にお詫びしなければならない。

　本書の訳稿に対して，新井美佐子，石黒暢，遠藤知子，加藤雅俊，鎮目真人，白波瀬達也，鈴木恭子，高橋誠，田中弘美，平岡

公一，福井康貴，吉岡詩織，の各氏から貴重なコメントをいただいた。原著者のお二人にも，細かな問い合わせに親切に応じていただいた。皆様のおかげで訳文は飛躍的に改善されたが，なお残る誤謬や難読は言うまでもなく訳者の責に帰するものである。名古屋大学の文学部と環境学研究科で原書を用いた講読や演習を繰り返したが，いま振り返るとずいぶん間違った訳を教えていたかもしれない。受講者諸君の忍耐にも感謝したい。

　有斐閣の松井智恵子さんに同窓の誼で本書を売り込んだところ，慎重に検討のうえ会社の会議にかけてくれた。また，堀奈美子さんは，行き届いた編集作業で本書を無数のエラーから救って下さった。ありがとうございました。

2023 年 4 月 13 日

上村　泰裕

参考文献

ゴフ，イアン（上村泰裕訳）（2023）「持続可能な福祉のための二つのシナリオ――環境社会契約のフレームワーク」『社会政策』14 (3): pp. 52-63.

上村泰裕（1999）「福祉国家形成理論のアジア NIEs への拡張」『ソシオロゴス』23: pp. 232-248.

上村泰裕（2015）『福祉のアジア――国際比較から政策構想へ』名古屋大学出版会.

大沢真理・上村泰裕・宮本太郎・澤田ゆかり・埋橋孝文（2004）「座談会　アジア諸国の福祉戦略をめぐって」大沢真理編『講座・福祉国家のゆくえ 4・アジア諸国の福祉戦略』ミネルヴァ書房.

参 考 文 献

Abrahamson, Peter (1999) "The welfare modelling business," *Social Policy and Administration*, 33 (4): 394-415.

Alesina, Alberto R. and Edward L. Glaeser (2004) *Fighting Poverty in the US and Europe: A World of Difference*, Oxford and New York: Oxford University Press.

Alesina, Alberto R. and Edward L. Glaeser (2008) "Why are welfare states in the US and Europe so different? What do we learn?," *Horizons stratégiques: Revue trimestrielle du Centre d'analyse stratégique*, 2 (2): 51-61.

Armingeon, Klaus and Giuliano Bonoli (eds) (2006) *The Politics of Post-industrial Welfare States: Adapting Post-war Social Policies to New Social Risks*, London: Routledge.

Armstrong, Pat, A. Bannerjee, M. Szebehely, H. Armstrong, T. Daly and S. LaFrance (2009) *They Deserve Better: The Long-Term Care Experience in Canada and Scandinavia*, Ottawa: Canadian Centre for Policy Alternatives.

Arts, Wil and John Gelissen (2002) "Three worlds of welfare capitalism or more? A state-of-the-art report," *Journal of European Social Policy*, 12 (2): 137-58.

Ayhan, Berkay and Stephen McBride (2015) "Global crisis and social policy in peripheral Europe: comparing Ireland, Portugal and Greece," in Stephen McBride, Rianne Mahon and Gerard Boychuk (eds) *After '08: Social Policy and the Global Financial Crisis*, Vancouver: UBC Press, pp. 237-53.

Baldwin, Peter (1990) *The Politics of Social Solidarity: Class Bases of the European Welfare State 1875-1975*, Cambridge and New York: Cambridge University Press.

Banting, Keith (2000) "Looking in three directions: migration and the European welfare state in comparative perspective," in Michael Bommes and Andrew Geddes (eds) *Immigration and Welfare: Challenging the Borders of the Welfare State*, London: Routledge, pp. 13–33.

Banting, Keith (2005) "Canada: nation-building in a federal welfare state," in Hans Obinger, Stefan Leibfried and Francis G. Castles (eds) *Federalism and the Welfare State: New World and European Experiences*, Cambridge and New York: Cambridge University Press, pp. 89–137.

Banting, Keith (2008) "Canada as counter-narrative: multiculturalism, recognition and redistribution," in Richard Simeon, Robert Vipond and Linda White (eds) *The Comparative Turn in Canadian Political Science*, Vancouver: UBC Press, pp. 59–76.

Banting, Keith, Richard Johnston, Will Kylmicka and Stuart Soroka (2006) "Do multiculturalism policies erode the welfare state? An empirical analysis," in Keith Banting and Will Kymlicka (eds) *Multiculturalism and the Welfare State: Recognition and Redistribution in Contemporary Democracies*, Oxford and New York: Oxford University Press, pp. 49–91.

Banting, Keith, S. Soroka and E. Koning (2013) "Multicultural diversity and redistribution," in K. Banting and J. Myles (eds) *Inequality and the Fading of Redistributive Politics*, Vancouver: UBC Press, pp. 165–86.

Barrientos, Armando (2009) "Labour markets and the (hyphenated) welfare regimes in Latin America," *Economy and Society*, 38 (17): 87–108.

Begg, Ian G. and Jos Berghman (2002) "Introduction: EU social (exclusion) policy revisited?," *Journal of European Social Policy*, 12 (3): 179–94.

Béland, Daniel (2005a) "Insecurity, citizenship, and globalization: the multiple faces of state protection," *Sociological Theory*, 23 (1): 25–41.

Béland, Daniel (2005b) "Ideas and social policy: an institutionalist perspective," *Social Policy and Administration*, 39 (1): 1–18.

Béland, Daniel (2007) "The social exclusion discourse: ideas and policy change," *Policy & Politics*, 35 (1): 123–39.

Béland, Daniel (2009) "Gender, ideational analysis, and social policy," *Social Politics*, 16 (4): 558–81.

Béland, Daniel (2010a) *What is Social Policy? Understanding the Welfare State*, Cambridge: Polity.

Béland, Daniel (2010b) "Reconsidering policy feedback: how policies affect politics," *Administration & Society*, 42 (5): 568–90.

Béland, Daniel and Robert Henry Cox (eds) (2011) *Ideas and Politics in Social Science Research*, Oxford and New York: Oxford University Press.

Béland, Daniel and Robert Henry Cox (2016) "Ideas as coalition magnets: coalition building, policy entrepreneurs, and power relations," *Journal of European Public Policy*, 23 (3): 428–45.

Béland, Daniel and Brian Gran (eds) (2008) *Public and Private Social Policy: Health and Pension Policies in a New Era*, Basingstoke: Palgrave Macmillan.

Béland, Daniel and Randall Hansen (2000) "Reforming the French welfare state: solidarity, social exclusion and the three crises of citizenship," *West European Politics*, 23 (1): 47–64.

Béland, Daniel and A. Lecours (2012) *Nationalism and Social Policy: The Politics of Territorial Solidarity*, Oxford and New York: Oxford University Press.

Béland, Daniel and Mitchell Orenstein (2013) "International organizations as policy actors: an ideational approach," *Global Social Policy*, 13 (2): 125–43.

Béland, Daniel and Klaus Petersen (eds) (2014) *Analysing Social Policy*

Concepts and Language: Comparative and Transnational Perspectives,
Bristol: Policy Press.

Béland, Daniel and Alex Waddan (2012) *The Politics of Policy Change:
Welfare, Medicare, and Social Security Reform in the United States*,
Washington, DC: Georgetown University Press.

Béland, Daniel and Alex Waddan (2015) "Breaking down ideas and
institutions: the politics of tax policy in the U. S. and the U. K.," *Policy
Studies*, 36 (2): 176-95.

Benería, Lourdes (2008) "The crisis of care, international migration and
public policy," *Feminist Economics*, 14 (3): 1-21.

Benford, Robert D. and David A. Snow (2000) "Framing processes and
social movements: an overview and assessment," *Annual Review of
Sociology*, 26: 611-39.

Bergqvist, Christina, Anette Borchost, Ann-Dorte Christensen, Viveca
Ramstedt-Silén, Nina C. Raaum and Auour Styrkársdóttir (eds) (1999)
Equal Democracies? Gender and Politics in the Nordic Countries, Oslo:
Scandinavian University Press.

Bergqvist, Christina, Elin Bjarnegård, Pär Zetterberg (2015) "When class
trumps sex: the social democratic intra-party struggle over extending
parental leave quotas in Sweden," *Social Politics*, 23 (1): 169-91.

Bettio, Francesca, Annamaria Simnazzi and Paulo Villa (2006) "Change in
care regimes and female migration: the 'care drain' in the Mediterra-
nean," *Journal of European Social Policy*, 16 (3): 271-85.

Beveridge, William (1942) *Social Insurance and Allied Services*, London:
HMSO.（山田雄三監訳，1969，『社会保険および関連サービス──ベヴ
ァリジ報告』至誠堂）

Blofield, Merike and Juliana Martínez-Franzoni (2015) "Maternalism, co-
responsibility and social equity: a typology of work-family policies,"
Social Politics, 22 (1): 38-59.

Blyth, Mark (2001) "The transformation of the Swedish Model: economic ideas, distributional conflict and institutional change," *World Politics*, 54 (October): 1-26.

Blyth, Mark (2002) *Great Transformations: Economic Ideas and Institutional Change in the Twentieth Century*, Cambridge and New York: Cambridge University Press.

Bonoli, Giuliano (2000) *The Politics of Pension Reform: Institutions and Policy Change in Western Europe*, Cambridge and New York: Cambridge University Press.

Bonoli, Giuliano (2005) "The politics of the new social policies: providing coverage against new social risks in mature welfare states," *Policy & Politics*, 33 (3): 431-49.

Bonoli, Giuliano (2006) "New social risks and the politics of post-industrial social policies," in Klaus Armingeon and Giuliano Bonoli (eds) *The Politics of Post-industrial Welfare States: Adapting Post-war Social Policies to New Social Risks*, London: Routledge, pp. 3-26.

Bonoli, Giuliano (2012) "Active labour market policy and social investment: a changing relationship," in Nathalie Morel, Bruno Palier and Joakim Palme (eds) *Towards a Social Investment Welfare State? Ideas, Policies and Challenges*, Bristol: Policy Press, pp. 181-205.

Bonoli, Giuliano and David Natali (eds) (2012) *The Politics of the New Welfare State*, Oxford and New York: Oxford University Press.

Boris, Eileen and Jennifer Fish (2014) "Slaves no more: making global standards for domestic workers," *Feminist Studies*, 40 (2): 411-43.

Bourgeois, Léon (1896) reprinted in 1998, *Solidarité*, Villeneuve d'Ascq: Presses Universitaires du Septentrion.（桃井京次訳，1926，『レオン・ブルジヨワ氏論文集──ソリダリテその他』国際聯盟協会）

Boychuk, Gerard (2015) "US incremental social policy expansionism in response to the crisis," in Stephen McBride, Rianne Mahon and Gerard Boychuk (eds) *After '08: Social Policy and the Global Financial Crisis*, Vancouver: UBC Press, pp. 292-312.

Breitenbach, Dagmar (2016) "Do migrants in Germany need sex education?," *Deutsche Welle*, 14 March.

Brochmann, Grete (2015) "Immigration and the Nordic welfare state: a tense companionship," in Pauli Kettunen, Sonya Michel and Klaus Petersen (eds) *Race, Ethnicity and Welfare States: An American Dilemma?*, Cheltenham, UK and Northampton, MA, USA: Edward Elgar Publishing, pp. 83–103.

Brodie, Janine and Jane Jenson (1988) *Crisis, Challenge and Change: Party and Class in Canada Revisited*, Ottawa: Carleton University Press.

Bulmer, Martin and Anthony M. Rees (eds) (1996) *Citizenship Today: The Contemporary Relevance of T. H. Marshall*, London: UCL Press.

Burmeister Hicks, C. Jakob and André Somby (2005) "Sami responses to poverty in the Nordic Countries," in Robyn Eversole, John-Andres McNeish and Alberto D. Cimadamore (eds) *Indigenous Peoples and Poverty: An International Perspective*, London: Zed Books, pp. 274–89.

Cahill, Michael (2002) *The Environment and Social Policy*, London: Routledge.

Campbell, John L. (1998) "Institutional analysis and the role of ideas in political economy," *Theory and Society*, 27: 377–409.

Campbell, John L. (2004) *Institutional Change and Globalization*, Princeton, NJ: Princeton University Press.

Campbell, John L. and Ove K. Pedersen (2011) "Knowledge regimes and comparative political economy," in Daniel Béland and Robert Henry Cox (eds) *Ideas and Politics in Social Science Research*, Oxford and New York: Oxford University Press, pp. 167–90.

Careja, Romana, Patrick Emmenegger and Jon Kvist (2015) "An American dilemma in Europe? Welfare reform and immigration," in Pauli Kettunen, Sonya Michel and Klaus Petersen (eds) *Race, Ethnicity and Welfare States: An American Dilemma?*, Cheltenham, UK and

Northampton, MA, USA: Edward Elgar Publishing, pp. 128-49.

Carstensen, Martin B. (2011) "Paradigm man vs. the bricoleur: bricolage as an alternative vision of agency in ideational change," *European Political Science Review*, 3 (1): 147-67.

Castel, Robert (2003) *From Manual Workers to Wage Laborers: Transformation of the Social Question*, New Brunswick, NJ: Transaction Publishers. (前川真行訳, 2012, 『社会問題の変容——賃金労働の年代記』ナカニシヤ出版)

Castles, Francis and Deborah Mitchell (1993) "Worlds of welfare and families of nations," in Francis Castles (ed) *Families of Nations: Patterns of Public Policy in Western Democracies*, Aldershot: Dartmouth, pp. 93-128.

Castles, Stephen, Carl-Ulrik Schierup and Peo Hansen (2006) *Migration, Citizenship and the European Welfare State: A European Dilemma*, London: Oxford University Press.

Cerny, Philip (1997) "Paradoxes of the competition state: dynamics of political globalization," *Government and Opposition*, 35 (2): 251-74.

Clarke, John and Janet Newman (1997) *The Managerial State: Power, Politics and Ideology in the Remaking of Social Welfare*, London: Sage.

Clarke, John, Dave Bainton, Noémi Lendvai and Paul Stubbs (2015) *Making Policy Move: Towards a Politics of Travel and Assemblage*, Bristol: Policy Press.

Clarke, Marlea (2015) "Social policy in South Africa: cushioning the blow of the recession?," in Stephen McBride, Rianne Mahon and Gerard Boychuk (eds) *After '08: Social Policy and the Global Financial Crisis*, Vancouver: UBC Press, pp. 197-215.

Conway, Janet (2012) *Edges of Global Justice: The World Social Forum and Its 'Others'*, New York: Routledge.

Cook, Sarah and Wing Lam (2015) "In the shadow of crisis: change and continuity in China's post crisis social policy," in Stephen McBride,

Rianne Mahon and Gerard Boychuk (eds) *After '08: Social Policy and the Global Financial Crisis*, Vancouver: UBC Press, pp. 216-34.

Cox, Robert Henry (2001) "The social construction of an imperative: why welfare reform happened in Denmark and the Netherlands but not in Germany," *World Politics*, 53: 463-98.

Cox, Robert Henry (2004) "The path dependence of an idea: why Scandinavian welfare states remain distinct," *Social Policy and Administration*, 38 (2): 204-19.

Craig, Doug and David Porter (2004) "The Third Way and the Third World: poverty reduction and social inclusion in the rise of 'inclusive liberalism'," *Review of International Political Economy*, 11 (2): 387-423.

Crouch, Colin and Maarten Keune (2005) "Changing dominant practice: making use of institutional diversity in Hungary and the United Kingdom," in W. Streeck and K. Thelen (eds) *Beyond Continuity: Institutional Change in Advanced Political Economies*, Oxford and New York: Oxford University Press, pp. 83-102.

Da Roit, Barbara and Stefania Sabatelli (2013) "Nothing on the move or just going private? Understanding the freeze on child and eldercare policies and the development of care markets in Italy," *Social Politics*, 20 (3): 430-53.

DAC (1996) *Shaping the 21st Century: The Contribution of Development Assistance*, Paris: OECD. (鶴見宗之助訳, 1996, 『21世紀の形成と開発協力による貢献』国際農林業協力協会編)

Daly, Mary (2011) "What adult earner model? A critical look at recent social policy reform in Europe from a gender and family perspective," *Social Politics*, 18 (1): 1-23.

Daly, Mary and Jane Lewis (2000) "The concept of social care and the analysis of contemporary welfare states," *British Journal of Sociology*, 51 (2): 281-98.

Deacon, Bob (2000) "Eastern European welfare states: the impact of the politics of globalization," *Journal of European Social Policy*, 10 (2): 146-61.

Deacon, Bob (2007) reprinted in 2008, *Global Social Policy and Governance*, London: Sage.

Deacon, Bob (2013) *Global Social Policy in the Making: The Foundations of the Social Protection Floor*, Bristol: Policy Press.

Deacon, Bob (2014) "Career, charisma, conviction and the challenges facing the SPF," *Global Social Policy*, 14 (3): 406-16.

Deacon, Bob and Maria Cristina Macovei (2010) "Regional social policy from above: international organizations and regional social policy," in B. Deacon (ed) *World-regional Social Policy and Global Governance: New Research and Policy Agendas in Africa, Asia, Europe and Latin America*, London: Routledge, pp. 63-85.

Deacon, Bob with Michelle Hulse and Paul Stubbs (1997) *Global Social Policy: International Organisations and the Future of Welfare*, London: Sage.

Dean, Hartley (1996) *Welfare Law and Citizenship*, Hamel Hempstead: Harvester Wheatsheaf.

Dimaria, Federico, Francois Schneider, Filka Sekalova and Joan Martinez-Alier (2013) "What is de-growth? From an activist slogan to a social movement," *Environmental Values*, 22 (2): 191-215.

Domhoff, William (1970) *The Higher Circles: The Ruling Class in America*, New York: Random House. (陸井三郎訳, 1971, 『現代アメリカを支配するもの』毎日新聞社)

Domhoff, William (1996) *State Autonomy or Class Dominance? Case Studies on Policy Making in America*, New York: Aldine de Gruyter.

Dufour, Pascale, Dominique Masson and Dominique Caouette (2010) *Solidarity Beyond Borders: Transnational Women's Movements*, Vancouver: UBC Press.

Durkheim, Émile (1893) reprinted in 1997, *The Division of Labor in*

Society, New York: Free Press.（田原音和訳，2017，『社会分業論』ち
くま学芸文庫）

Dwyer, Peter（2004）"Creeping conditionality in the UK: from welfare
rights to conditional entitlements?," *Canadian Journal of Sociology*, 28
（2）: 261-83.

ECORYS（2011）*Evaluation of the European Year 2010 for Combating
Poverty and Social Exclusion*, Brussels: European Commission.

Edsall, T. B.（2014）"The rise of 'welfare chauvinism'," *New York Times*,
16 December.

Ellingsaeter, Anne Lise（2014）"Nordic earner-carer models: why stability
and instability?," *Journal of Social Policy*, 43（3）: 555-74.

Esping-Andersen, Gøsta（1985a）*Politics Against Markets: The Social
Democratic Road to Power*, Princeton, NJ: Princeton University Press.

Esping-Andersen, Gøsta（1985b）"Power and distributional regimes,"
Politics and Society, 14（2）: 223-56.

Esping-Andersen, Gøsta（1990）*The Three Worlds of Welfare Capitalism*,
Princeton, NJ: Princeton University Press.（岡沢憲芙・宮本太郎訳，
2001，『福祉資本主義の三つの世界——比較福祉国家の理論と動態』ミ
ネルヴァ書房）

Esping-Andersen, Gøsta（1997）"Hybrid or unique? The Japanese welfare
state between Europe and America," *Journal of European Social Policy*,
7（3）: 179-89.

Esping-Andersen, Gøsta（1999）*Social Foundations of Postindustrial
Economies*, Oxford and New York: Oxford University Press.（渡辺雅
男・渡辺景子訳，2000，『ポスト工業経済の社会的基礎——市場・福祉
国家・家族の政治経済学』桜井書店）

Esping-Andersen, Gøsta（2002）"A child centred social investment
strategy," in Gøsta Esping-Andersen, Duncan Gallie, Anton Hemerijk
and John Myers（eds）*Why We Need a New Welfare State*, Oxford and
New York: Oxford University Press, pp. 26-67.

Esping-Andersen, Gøsta (2009) *Incomplete Revolution: Adapting Welfare States to Women's New Roles*, Cambridge: Polity. (大沢真理監訳, 2022, 『平等と効率の福祉革命——新しい女性の役割』岩波現代文庫)

Estévez-Abe, Margarita and Yeong Soon Kim (2014) "Presidents, prime ministers and the politics of care: why Korea expanded child care much more than Japan," *Social Policy and Administration*, 48 (6): 666–85.

European Parliament (2014) "The open method of coordination," available at http://www.europarl.europa.eu/EPRS/EPRS-AaG-542142-Open-Method-of-Coordination-FINAL.pdf (accessed 10 January 2016).

Evans, Peter B., Dietrich Rueschemeyer and Theda Skocpol (eds) (1985) *Bringing the State Back In*, Cambridge and New York: Cambridge University Press.

Ewald, François (1986) *L'État providence*, Paris: Grasset.

Eydal, Gyoný Björk and Tine Rostgaard (2011) "Gender equality revisted: changes in Nordic childcare policies in the 2000s," *Social Politics and Administration*, 45 (2): 161–79.

Fargion, Valeria (2000) "Timing and the development of social care services in Europe," *West European Politics*, 23 (2): 59–88.

Farnsworth, Kevin and Zoë Irving (2015) "A new era for social policy? Welfare states and the financial crisis," in Stephen McBride, Rianne Mahon and Gerard Boychuk (eds) *After '08: Social Policy and the Global Financial Crisis*, Vancouver: UBC Press, pp. 59–84.

Faur, Eleonor (2011) "A widening gap? The political and social organization of child care in Argentina," *Development and Change*, 42 (4): 967–94.

Fenwick, Tracy Beck (2010) "The institutional feasibility of national-local policy collaboration: insights from Brazil and Argentina," *Journal of Politics in Latin America*, 2 (2): 155–83.

Fenwick, Tracy Beck (2016) *Avoiding Governors: Federalism, Democracy, and Poverty Alleviation in Brazil and Argentina*, South Bend, IN:

University of Notre Dame Press.

Fernández de la Hoz, Paloma (2001) *Families and Social Exclusion in the European Union: Theoretical Aspects, Lines of Convergence and Unsettled Issues—Abridged Version*, Vienna: European Observatory on the Social Situation, Demography and Family.

Ferragina, Emanuele and Martin Seeleib-Kaiser (2015) "Determinants of a silent revolution: understanding the expansion of family policies in rich OECD countries," *Social Politics*, 22 (1): 1-37.

Ferrera, Maurizio (1996) "The 'Southern Model' of welfare regimes in social Europe," *Journal of European Social Policy*, 6 (1): 17-36.

Ferrera, Maurizio and Anton Hemerijck (2003) "Recalibrating Europe's welfare regimes," in Jonathan Zeitlin and David Trubeck (eds) *Governing Work and Welfare in a New Economy*, Oxford and New York: Oxford University Press, pp. 88-128.

Filgueira, Fernando (2005) *Welfare and Democracy in Latin America: The Development, Crises and Aftermath of Universal, Dual and Exclusionary Welfare States*, Geneva: UNRISD.

Finkel, Alvin (2006) *Social Policy and Practice in Canada: A History*, Waterloo: Wilfrid Laurier University Press.

Fitzpatrick, Tony (2011) *Understanding the Environment and Social Policy*, Bristol: Policy Press.

Fitzpatrick, Tony (2014) *Climate Change and Poverty: A New Agenda for Developed Nations*, Bristol: Policy Press.

Fleckenstein, Timo and Martin Seeleib-Kaiser (2011) "Business, skills and the welfare state: the political economy of employment-oriented family policy in Britain and Germany," *Journal of European Social Policy*, 21 (2): 136-49.

Fleckenstein, Timo and Soohyun Christine Lee (2014) "The politics of postindustrial social policy: family policy reforms in Britain, Germany, South Korea and Sweden," *Comparative Political Studies*, 47 (4): 601-

30.

Foucault, Michael (1980) *Power/Knowledge: Selected Interviews and Other Writings, 1972-1977*, ed. Colin Gordon, New York: Pantheon Books.

Fraser, Nancy (1997) *Justice Interruptus: Critical Reflections on the 'Postsocialist' Condition*, New York: Routledge. (仲正昌樹監訳, 2003, 『中断された正義――「ポスト社会主義的」条件をめぐる批判的省察』御茶の水書房)

Fraser, Nancy and Linda Gordon (1994) "'Dependency' demystified: inscriptions of power in a keyword of the welfare state," *Social Politics*, 1 (1): 4-31.

Frétigné, Cédric (1999) *Sociologie de l'exclusion*, Paris: L'Harmattan.

Friesen, Elizabeth (2012) *Challenging Global Finance: Civil Society and Transnational Networks*, Basingstoke: Palgrave Macmillan.

Fukuda-Parr, Sakiko and David Hulme (2011) "International norm dynamics and the 'end of poverty': understanding the Millennium Development Goals," *Global Governance*, 17: 17-36.

Gal, John (1996) "Is there an extended family of Mediterranean welfare states?," *Journal of European Social Policy*, 20 (4): 283-300.

Gallie, Duncan, Serge Paugam and Sheila Jacobs (2003) "Unemployment, poverty and social isolation: is there a vicious circle of social exclusion?," *European Societies*, 5 (1): 1-31.

Garrett, Geoff (1998) "Global markets and national policies: collision course or virtuous circle?," *International Organization*, 52 (4): 787-824.

Goguel d'Allondans, Alban (2003) *L'exclusion sociale: les métamorphoses d'un concept (1960-2000)*, Paris: L'Harmattan.

Goodliffe, Gabriel (2012) *The Resurgence of the Radical Right in France: From Boulangisme to the Front National*, Cambridge and New York: Cambridge University Press.

Goodman, Roger and Ito Peng (1996) "Peripatetic learning, adaptive change and nation-building," in Gøsta Esping-Andersen (ed) *Welfare States in Transition: National Adaptations in Global Economies*, London: UNRISD/Sage, pp. 192-224. (埋橋孝文監訳, 2003, 『転換期の福祉国家——グローバル経済下の適応戦略』早稲田大学出版部)

Gordon, Colin (1991) "New Deal, old deck: business and the origins of Social Security, 1920-1935," *Politics and Society*, 19: 165-207.

Gorfinkel, Magdalena Díaz and Ángela Escrivá (2012) "Care of older people in migration contexts: local and transnational arrangements," *Social Politics*, 19 (1): 129-41.

Gough, Ian (1979) *The Political Economy of the Welfare State*, London: Macmillan. (小谷義次訳, 1992, 『福祉国家の経済学』大月書店)

Gough, Ian (2015) "Climate change and sustainable welfare: the centrality of human needs," *Cambridge Journal of Economics*, 39 (5): 1191-1214.

Guillén, Ana and Emmanuele Pavolini (2015) "Welfare states under strain in Southern Europe: overview of the Special Issue," *European Journal of Social Security*, 17 (2): 147-57.

Hacker, Björn (2009) "Hybridization instead of clustering: transformation processes of welfare policies in Central and Eastern Europe," *Social Policy and Administration*, 43 (2): 152-69.

Hacker, Jacob S. (2002) *The Divided Welfare State: The Battle Over Public and Private Social Benefits in the United States*, Cambridge and New York: Cambridge University Press.

Hacker, Jacob S. (2004) "Privatizing risk without privatizing the welfare state: the hidden politics of welfare state retrenchment in the United States," *American Political Science Review*, 98: 243-60.

Hacker, Jacob S. (2006) *The Great Risk Shift*, Oxford and New York: Oxford University Press.

Hacker, Jacob S. and Paul Pierson (2002) "Business power and social policy: employers and the formation of the American welfare state," *Politics and Society*, 30 (2): 277-325.

Haggard, Stephan and Robert Kaufman (2008) *Development, Democracy and Welfare States: Latin America, East Asia and Eastern Europe*, Princeton, NJ: Princeton University Press.

Hall, Peter A. (1993) "Policy paradigms, social learning and the state: the case of economic policymaking in Britain, *Comparative Politics*, 25 (3): 275-96.

Hall, Peter A. and David Soskice (2001) "An introduction to Varieties of Capitalism," in Peter A. Hall and David Soskice (eds) *Varieties of Capitalism: The Institutional Foundations of Comparative Advantage*, Oxford and New York: Oxford University Press, pp. 1-68. (遠山弘徳・安孫子誠男・山田鋭夫・宇仁宏幸・藤田菜々子訳, 2007, 『資本主義の多様性——比較優位の制度的基礎』ナカニシヤ出版)

Hanlon, Joseph, Armando Barrientos and David Hulme (2013) *Just Give Money to the Poor: The Development Revolution from the Global South*, Boulder, CO and London: Kumarian Press/Lynne Rienner.

Hay, Colin (2011) "Ideas and the construction of interests," in Daniel Béland and Robert H. Cox (eds) *Ideas and Politics in Social Science Research*, Oxford and New York: Oxford University Press, pp. 65-82.

Hayek, Friedrich A. (1944) reprinted in 2007, *The Road to Serfdom: Text and Documents—The Definitive Edition*, Chicago, IL: University of Chicago Press. (西山千明訳, 2008, 『隷属への道』春秋社)

Hayward, Jack (1959) "Solidarity: the social history of an idea in nineteenth century France," *International Review of Social History*, 4: 261-84.

Hennock, E. P. (2007) *The Origin of the Welfare State in England and Germany, 1850-1914: Social Policies Compared*, Cambridge and New York: Cambridge University Press.

Hills, John (2004) *Inequality and the State*, Oxford: Oxford University Press.

Hills, John, Julian Le Grand and David Piachaud (eds) (2002)

Understanding Social Exclusion, Oxford and New York: Oxford University Press.

Hochschild, Arlie R. (2000) "Global care chains and emotional surplus value," in William Hutton and Anthony Giddens (eds) *On the Edge: Living with Global Capitalism*, London: Jonathan Cape, pp. 130-46.

Holliday, Ian (2000) "Productivist welfare capitalism: social policy in East Asia," *Political Studies*, 48: 706-23.

Hong, Liu and Kristian Kongshøj (2014) "China's welfare reforms: an ambiguous road towards a social protection floor," *Global Social Policy*, 14 (3): 352-68.

Howard, Christopher (1997) *The Hidden Welfare State: Tax Expenditures and Social Policy in the United States*, Princeton, NJ: Princeton University Press.

Howard, Christopher (2006) *The Welfare State Nobody Knows: Debunking Myths about U. S. Social Policy*, Princeton, NJ: Princeton University Press.

Huber, Evelyne and John D. Stephens (2001) *Development and Crisis of the Welfare State: Parties and Policies in Global Markets*, Chicago, IL: University of Chicago Press.

Huber, Evelyne and John Stephens (2012) *Democracy and the Left: Social Policy and Inequality in Latin America*, Chicago, IL and London: University of Chicago Press.

Hudson, John (2012) "Welfare regimes and global cities: a missing link in the comparative analysis of welfare states," *Journal of Social Policy*, 41 (3): 455-73.

Humpage, Louise (2010) "Institutions, interests and ideas: explaining social policy change in welfare states incorporating an indigenous population," *Journal of European Social Policy*, 20 (3): 235-47.

ILO (2011) *Social Protection Floor for a Fair and Inclusive Globalization: Report of the Social Protection Floor Advisory Group*, Geneva:

International Labour Organization.

Immergut, Ellen M. (1998) "The theoretical core of institutionalism," *Politics and Society*, 26: 5-34.

Jacobs, Alan M. (2009) "How do ideas matter? Mental models and attention in German pension politics," *Comparative Political Studies*, 42 (2): 252-79.

Javornik, Jana (2014) "Measuring state familialism: contesting postsocialist exceptionalism," *Journal of European Social Policy*, 24 (3): 240-57.

Jawad, Rana (2012) *Religion and Faith Based Welfare: From Wellbeing to Ways of Being*, Bristol: Policy Press.

Jenson, Jane (1989) "Paradigms and political discourse: protective legislation in France and the United States before 1914," *Canadian Journal of Political Science*, 22 (2): 235-58.

Jenson, Jane (1997) "Who cares? Gender and welfare regimes," *Social Politics*, 4 (2): 182-87.

Jenson, Jane (2004) *Canada's New Social Risks: Directions for a New Social Architecture*, Ottawa: Canadian Policy Research Networks.

Jenson, Jane (2009) "Lost in translation: the social investment perspective and gender equality," *Social Politics*, 16 (4): 446-83.

Jenson, Jane (2010) "Diffusing ideas for after neoliberalism: the social investment perspective in Europe and Latin America," *Global Social Policy*, 10 (1): 59-84.

Jenson, Jane and Denis Saint Martin (2003) "New routes of social cohesion? Citizenship and the social investment state," *Canadian Journal of Sociology*, 28 (1): 77-99.

Jones, Catherine (1993) "The Pacific challenge," in Catherine Jones (ed) *New Perspectives on the Welfare State in Europe*, London: Routledge, pp. 198-217.

Kaasch, Alexandra and Kerstin Martens (eds) (2015) *Actors and Agency in Global Social Governance*, Oxford: Oxford University Press.

Kalecki, Michael (1942) "Political aspects of full employment," reprinted in 1972, in E. K. Hunt (ed) *A Critique of Economic Theory*, London: Penguin.

Katz, Michael B. (2008) *The Price of Citizenship: Redefining the American Welfare State*, Philadelphia: University of Pennsylvania Press.

Keck, Margaret and Kathryn Sikkink (1999) "Transnational advocacy networks in international and regional politics," *International Social Science Journal*, 51 (159): 89-101.

Keil, Roger and Rianne Mahon (2009) *Leviathan Undone? Towards a Political Economy of Scale*, Vancouver: UBC Press.

Kerr, Clark, John Dunlop, Frederick Harbison and Charles Myers (1960) *Industrialism and Industrial Man*, Oxford and New York: Oxford University Press.

Kiliç, Sevgi, Sawitri Saharso and Birgit Sauer (2008) "Introduction: the veil: debating citizenship, gender and religious diversity," *Social Politics*, 15 (4): 397-410.

Kingdon, John W. (1984) *Agendas, Alternatives, and Public Policies*, Boston, MA: Little, Brown Book Group. (笠京子訳, 2017, 『アジェンダ・選択肢・公共政策——政策はどのように決まるのか』勁草書房)

Kingfisher, Catherine (2013) *A Policy Travelogue: Tracing Welfare Reform in Aotearoa/New Zealand and Canada*, New York and Oxford: Berghahn.

Klanfer, Jules (1965) *L'Exclusion sociale: Étude de la marginalité dans les sociétés occidentales*, Paris: Bureau de Recherches sociales.

Knijn, Trudie and Leila Patel (2012) "Introduction: social policy change in a transition society-the case of South Africa," *Social Policy and Administration*, 46 (6): 597-602.

Korpi, Walter (1978) *The Working Class in Welfare Capitalism: Work, Unions and Politics in Sweden*, London: Routledge and Kegan Paul.

Korpi, Walter (1980) "Social policy and distributional conflict in the capitalist democracies: a preliminary comparative framework," *West European Politics*, 3 (3): 296-315.

Korpi, Walter (1983) *The Democratic Class Struggle*, London: Routledge and Kegan Paul.

Korpi, Walter (2000) "Faces of inequality: gender, class and patterns of inequality in different types of welfare state," *Social Politics*, 7 (2): 127-91.

Korpi, Walter (2006) "Power resources and employer centred approaches in explaining welfare states and varieties of capitalism: protagonists, consenters and antagonists," Paper presented at the ESPANet conference, University of Bremen, 21-23 September.

Korpi, Walter and Joakim Palme (1998) "The Paradox of Redistribution and Strategies of Equality: Welfare State Institutions, Inequality, and Poverty in the Western Countries," *American Sociological Review*, 63 (5): 661-87.

Kpessa, Michael, Daniel Béland and André Lecours (2011) "Nationalism, development, and social policy: the politics of nation-building in Sub-Saharan Africa," *Ethnic and Racial Studies*, 34 (12): 2115-33.

Kremer, Monique (2006) "The politics of ideals of care: Danish and Flemish child care policy compared," *Social Politics*, 13 (2): 261-85.

Kuhn, Thomas S. (1962) *The Structure of Scientific Revolutions*, Chicago, IL: University of Chicago Press. (中山茂訳, 1971, 『科学革命の構造』みすず書房)

Lasswell, Harold D. (1936) *Politics: Who Gets What, When and How*, New York: Whittlesey House, McGraw-Hill. (久保田きぬ子訳, 1992, 『政治——動態分析』岩波書店)

Le Bihan, Blanche and Claude Martin (2006) "A comparative case study of care systems for frail elderly people: Germany, Spain, France, Italy, the United Kingdom and Sweden," *Social Policy and Administration*, 40 (1): 26-46.

Lecours, André. and Geneviève Nootens (2011) "Understanding majority nationalism," in A.-G. Gagnon, G. Nootens and A. Lecours (eds) *Contemporary Majority Nationalism*, Montreal and Kingston: McGill-Queens University Press, pp. 3–18.

Leibfried, Stephan (1992) "Towards a European welfare state?," in Zsuzsa Ferge and Jon Eivind Kolberg (eds) *Social Policy in a Changing Europe*, Frankfurt am Main: Campus Verlag, pp. 245–79.

Leitner, Sigrid (2003) "Varieties of familialism: the caring function of the family in comparative perspective," *European Societies*, 5 (4): 353–75.

Leitner, Sigrid (2010) "Germany outpaces Austria and childcare policy: the historical contingency of 'conservative' childcare policies," *Journal of European Social Policy*, 20 (5): 456–67.

Leney, Tom (1999) "European approaches to social exclusion," in Annette Hayton (ed) *Tackling Disaffection and Social Exclusion: Education Perspectives and Policies*, London: Routledge, pp. 3–45.

Lenoir, René (1974) *Les exclus: un Français sur dix*, Paris: Le Seuil.

León, Margareta, Emmanuele Pavolini and Ana Guillén (2015) "Welfare rescaling in Italy and Spain: political strategies to deal with harsh austerity," *European Journal of Social Security*, 17 (2): 182–201.

Leschke, Janine and Maria Jepsen (2014) "Is economic crisis the prevailing gender regime? A comparison of Denmark, Germany, Slovenia and the United Kingdom," *Social Politics*, 20 (4): 485–508.

Levine, Daniel (1988) *Poverty and Society: The Growth of the American Welfare State in International Comparison*, New Brunswick, NJ: Rutgers University Press.

Levitas, Ruth (1999) reprinted in 2005, *Inclusive Society? Social Exclusion and New Labour* (second edition), Basingstoke: Palgrave Macmillan.

Levy, Denise Urias and Sonya Michel (2002) "More can be less: child care and welfare reform in the United States," in S. Michel and R. Mahon (eds) *Child Care Policy at the Crossroads: Gender and Welfare State*

Restructuring, New York and London: Routledge, pp. 239-63.

Lewis, Jane (1992) "Gender and the development of welfare regimes," *Journal of European Social Policy*, 2 (1): 159-73.

Lewis, Jane (2008) "Work-family balance policies: issues and development in the United Kingdom, 1997-2005 in comparative perspective," in J. Scott, S. Dex and H. Joshi (eds) *Women and Employment: Changing Lives and New Challenges*, Cheltenham, UK and Northampton, MA, USA: Edward Elgar Publishing, pp. 268-86.

Lewis, Jane and Ilona Ostner (1995) "Gender and the evolution of European social policy," in S. Leibfried and P. Pierson (eds) *European Social Policy: Between Fragmentation and Integration*, Washington, DC: Brookings Institute, pp. 159-93.

Lieberman, R. C. (1998) *Shifting the Color Line: Race and the American Welfare State*, Cambridge, MA: Harvard University Press.

Lind, Amy (2004) "Legislating the family: heterosexist bias in social welfare policy frameworks," *Journal of Sociology & Social Welfare*, 31 (4): 21-35.

Lipset, Seymour Martin (1990) *Continental Divide: The Values and Institutions of the United States and Canada*, New York: Routledge.

Lister, Ruth (1994) "'She has other duties': women, citizenship and social security," in S. Baldwin and J. Falkingham (eds) *Social Security and Social Change: New Challenges to the Beveridge Model*, Hempel Hempstead: Harvester Wheatsheaf, pp. 31-44.

Lister, Ruth (1997) *Citizenship: Feminist Perspectives*, Basingstoke: Palgrave Macmillan.

Lister, Ruth (2009) "A Nordic nirvana? Gender, citizenship and social justice in the Nordic welfare states," *Social Politics*, 19 (2): 242-78.

Lister, Ruth (2010) *Understanding Theories and Concepts in Social Policy*, Bristol: Policy Press.

Lister, Ruth, Fiona Williams, Anneli Anttonen et al. (2007) *Gendering*

Citizenship in Western Europe: New Challenges for Citizenship Research in a Cross-national Context, Bristol: Policy Press.

Lopreite, Debora and Laura Macdonald (2014) "Gender and Latin American welfare regimes: early childhood education and care in Argentina and Mexico," *Social Politics*, 21 (1): 80–102.

Luccisano, Lucy and Laura Macdonald (2012) "The limits of anti-poverty policy: citizenship, accountability and neo-conservatism in Mexico's *Oportunidades* program," in Jordi Diaz and Susan Franceschet (eds) *Comparative Public Policy in Latin America*, Toronto: University of Toronto Press, pp. 205–27.

Lutz, Helma and Ewa Palenga-Möllenbeck (2012) "Care workers, care drain and care chains: reflections on care, migration and citizenship," *Social Politics*, 19 (1): 15–37.

Mahon, Rianne (1997) "Child care in Canada and Sweden: politics and policy," *Social Politics*, 4 (3): 382–418.

Mahon, Rianne (2002) "Child care: toward what kind of 'social Europe?'," *Social Politics*, 9 (3): 343–79.

Mahon, Rianne (2013) "Social investment according to the OECD/DELSA: a discourse in the making," *Global Policy*, 4 (2): 150–59.

Mahon, Rianne (2014) "The OECD's search for a new social policy language: from welfare state to active society," in Daniel Béland and Klaus Petersen (eds) *Analysing Social Policy Concepts and Language: Comparative and Transnational Perspectives*, Bristol: Policy Press, pp. 81–100.

Mahon, Rianne (2015) "Integrating the social into CEPAL's neo-structuralist discourse," *Global Social Policy*, 15 (1): 3–22.

Mahon, Rianne (2016) "Early childhood education and care in global discourses," in Karen Mundy, Alan Green, Robert Lingard and Antoni Verger (eds) *The Handbook of Global Politics and Policy-making in Education*, London: Wiley-Blackwell, pp. 224–40.

Mahon, Rianne and Deborah Brennan (2013) "State structures and the politics of child care: Australia and Canada," *Publius*, 43 (1): 90-108.

Mahon, Rianne, Anneli Anttonen, Deborah Brennan, Christina Bergqvist and Barbara Hobson (2012) "Convergent care regimes? Child care in Australia, Canada, Finland and Sweden," *Journal of European Social Policy*, 22 (4): 419-31.

Mahon, Rianne, Christina Bergqvist and Deborah Brennan (2016) "Social policy change: work-family tensions in Sweden, Australia and Canada," *Social Policy and Administration*, 50 (2): 224-40.

Mahoney, James and Kathleen Thelen (eds) (2009) *Explaining Institutional Change: Ambiguity, Agency, and Power*, Cambridge and New York: Cambridge University Press.

Maioni, Antonia (1998) *Parting at the Crossroads: The Emergence of Health Insurance in the United States and Canada*, Princeton, NJ: Princeton University Press.

Mares, Isabela (2003) *The Politics of Social Risk: Business and Welfare State Development*, Cambridge and New York: Cambridge University Press.

Marshall, T. H. (1964) "Citizenship and social class," in T. H. Marshall, *Class, Citizenship and Development*, Garden City, NY: Doubleday, pp. 65-122.

Martin, Andrew (1975) "Is democratic control of capitalist economies possible?," in Leon Lindberg and Claus Offe (eds) *Stress and Contradiction in Modern Capitalism: Public Policy and the Theory of the State*, Lexington, MA: Heath, pp. 13-56.

Martin, Andrew (1979) "The dynamics of change in a Keynesian political economy: the Swedish case and its implications," in Colin Crouch (ed) *State and Economy in Contemporary Capitalism*, London: Croom Helm, pp. 88-121.

Martin, Isaac William, Ajay K. Mehrotra and Monica Prasad (eds) (2009)

The New Fiscal Sociology: Taxation in a Comparative and Historical Perspective, Cambridge and New York: Cambridge University Press.

Martínez-Franzoni, Juliana (2008) "Welfare regimes in Latin America: capturing constellations of markets, families and policies," *Latin American Politics and Society*, 50 (2): 67-100.

Marx, Karl and Friedrich Engels (1848) reprinted in 1888, *Manifesto of the Communist Party*, Project Gutenberg EBook.（森田成也訳，2020，『共産党宣言』光文社古典新訳文庫）

Marx Ferree, Myra and Aili Mari Tripp (2006) *Global Feminism: Transnational Women's Activism, Organizing and Human Rights*, New York: New York University Press.

Mätzke, Margitta and Ilona Ostner (2010) "Postscript: ideas and agents of change in time," *Journal of European Social Policy*, 20 (5): 468-76.

McAdam, Douglas (1999) "Conceptual issues, current problems, future direction," in Douglas McAdam, John D. McCarthy and Mayer N. Zald (eds) *Comparative Perspectives on Social Movements: Political Opportunities, Mobilizing Structure and Cultural Framings*, Cambridge and New York: Cambridge University Press, pp. 23-40.

McBride, Stephen (2015) "Neo-liberalism in question?," in Stephen McBride, Rianne Mahon and Gerard Boychuk (eds) *After '08: Social Policy and the Global Financial Crisis*, Vancouver: UBC Press, pp. 21-39.

McEwen, Nicola (2006) *Nationalism and the State: Welfare and Identity in Scotland and Quebec*, Brussels: Peter Lang.

McLaughlin, Eithne and Caroline Glendinning (1994) "Paying for care in Europe: is there a feminist approach?," in Linda Hantrais and Steen Mangen (eds) *Family Policy and the Welfare of Women*, Loughborough: Cross-National Research Group, pp. 52-69.

Mehta, Jal (2011) "The varied roles of ideas in politics: from 'whether' to 'how'," in Daniel Béland and Robert H. Cox (eds) *Ideas and Politics in*

Social Science Research, Oxford and New York: Oxford University Press, pp. 23-46.

Michel, Sonya and Ito Peng (2012) "All in the family: migration, nationhood and care regimes in Asia and North America," *Journal of European Social Policy*, 22 (4): 406-18.

Milanovic, Branko (2005) *Worlds Apart: Measuring International and Global Inequality*, Princeton, NJ: Princeton University Press.

Mink, Gwendolyn (1998) *Welfare's End*, Ithaca, NY: Cornell University Press.

Mishra, Ramesh (1999) *Globalization and the Welfare State*, Cheltenham, UK and Northampton, MA, USA: Edward Elgar Publishing.

Molyneux, Maxine (2006) "Mothers at the service of the new poverty agenda: Progresa/Oportunidades, Mexico's conditional transfer program," *Social Policy and Administration*, 40 (4): 425-41.

Morel, Nathalie (2015) "Servants for the knowledge-based economy? The political economy of domestic services in Europe," *Social Politics*, 22 (2): 170-92.

Morel, Nathalie, Bruno Palier and Joakim Palme (2012a) "Social investment: a paradigm in search of a new economic model and political mobilisation," in Nathalie Morel, Bruno Palier and Joakim Palme (eds) *Towards a Social Investment Welfare State? Ideas, Policies and Challenges*, Bristol: Bristol University Press, pp. 353-76.

Morel, Nathalie, Bruno Palier and Joakim Palme (2012b) "Beyond the welfare state as we knew it?," in Nathalie Morel, Bruno Palier and Joakim Palme (eds) *Towards a Social Investment Welfare State? Ideas, Policies and Challenges*, Bristol: Policy Press, pp. 1-30.

Morgan, Kimberly (2006) *Working Mothers and the Welfare State: Religion and the Politics of Work-family Policies in Western Europe and the United States*, Stanford, CA: Stanford University Press.

Morgan, Kimberly (2009) "Caring time policies in Western Europe:

trends and implications," *Comparative European Politics*, 7: 37-55.

Mossberger, Karen and Harold Wolman (2003) "Policy transfer as a form of prospective policy evaluation: challenges and recommendations," *Public Administration Review*, 63 (4): 428-40.

Muller, Pierre (2005) "Esquisse d'une théorie du changement dans l'action publique: structures, acteurs et cadres cognitifs," *Revue française de science politique*, 55 (1): 155-87.

Myles, John (1998) "How to design a 'liberal' welfare state: a comparison of Canada and the United States," *Social Policy and Administration*, 32 (4): 341-64.

Myles, John and Jill Quadagno (2002) "Political theories of the welfare state," *Social Service Review*, 76 (1): 34-57.

Myles, John and Sébastien St-Arnaud (2006) "Population diversity, multiculturalism, and the welfare state: should welfare state theory be revised?," in Keith Banting and Will Kymlicka (eds) *Multiculturalism and the Welfare State: Recognition and Redistribution in Contemporary Democracies*, Oxford and New York: Oxford University Press, pp. 339-54.

Noël, Alain (2006) "A new global politics of poverty," *Global Social Policy*, 6: 304-33.

O'Connor, James (1973) *The Fiscal Crisis of the State*, New York: St Martin's Press. (池上惇・横尾邦夫監訳, 1981, 『現代国家の財政危機』御茶の水書房)

O'Connor, Julia S. (1993) "Gender, class and citizenship in the comparative analysis of welfare state regimes: theoretical and methodological issues," *British Journal of Sociology*, 44 (3): 501-18.

O'Connor, Julia S., Ann Shola Orloff and Sheila Shaver (1999) *States, Markets, Families: Gender, Liberalism and Social Policy in Australia, Canada, Great Britain and the United States*, Cambridge and New York: Cambridge University Press.

Obinger, Herbert, Stephan Leibfried and Francis G. Castles (eds) (2005) *Federalism and the Welfare State: New World and European Experiences*, Cambridge and New York: Cambridge University Press.

OECD (2011) *United We Stand: Why Inequality Keeps Rising*, Paris: OECD.

OECD (2015) *In It Together: Why Less Inequality Benefits Us All*, Paris: OECD.

Oliver, Rebecca and Margitta Mätzke (2014) "Childcare expansion in conservative welfare states: policy legacies and the politics of decentralized implementation in Germany and Italy," *Social Politics*, 21 (2): 167-93.

Olivier, Cecilia and Brid Brennan (2010) "Regional social policy from below: reclaiming regional integration—social movements and civil society organizing as key protagonists," in Bob Deacon (ed) *World-regional Social Policy and Global Governance: New Research and Policy Agendas in Africa, Asia, Europe and Latin America*, London: Routledge, pp. 63-81.

Orenstein, Mitchell (2005) "The new pension reform as global social policy," *Global Social Policy*, 5 (2): 175-202.

Orenstein, Mitchell (2008) *Privatizing Pensions: The Transnational Campaign for Social Security Reform*, Princeton, NJ: Princeton University Press.

Orloff, Ann Shola (1993a) "Gender and the social rights of citizenship: the comparative analysis of gender relations and welfare states," *American Sociological Review*, 58: 303-28.

Orloff, Ann Shola (1993b) *The Politics of Pensions: A Comparative Analysis of Britain, Canada, and United States, 1880-1940*, Madison, WI: University of Wisconsin Press.

Orloff, Ann Shola (2006) "From maternalism to 'employment for all': state policies to promote women's employment across the affluent democracies," in Jonah D. Levy (ed) *The State After Statism: New State Activities in the Age of Liberalization*, Cambridge, MA: Harvard University Press, pp. 230-70.

Orloff, Ann Shola (2009) "Gendering the comparative analysis of welfare states: an unfinished agenda," *Sociological Theory*, 27 (3): 317-43.

Padamsee, Tasleem (2009) "Culture in connection: re-contextualizing ideational processes in the analysis of policy development," *Social Politics*, 16 (4): 413-45.

Palier, Bruno (2005) "Ambiguous agreements, cumulative change: French social policy in the 1990s', in Wolfgang Streeck and Kathleen Thelen (eds) *Beyond Continuity: Institutional Change in Advanced Political Economies*, Oxford and New York: Oxford University Press, pp. 127-44.

Palier, Bruno and Claude Martin (eds) (2008) *Reforming Bismarckian Welfare Systems*, London: Wiley-Blackwell.

Parreñas, Rhacel (2000) "Migrant Filipina domestic workers and the international division of reproductive labor," *Gender and Society*, 14 (4): 566-80.

Parsons, Craig (2007) *How to Map Arguments in Political Science*, Oxford and New York: Oxford University Press.

Pascall, Gillian and Nick Manning (2000) "Gender and social policy: comparing welfare states in Central and Eastern Europe and the former Soviet Union," *Journal of European Social Policy*, 10 (3): 240-66.

Paugam, Serge (ed) (2011) *Repenser la solidarité: l'apport des sciences sociales*, Paris: Presses Universitaires de France.

Peck, Jamie and Nik Theodore (2010) "Recombinant workfare, across the Americas: transnationalizing 'fast' social policy," *GeoForum*, 41: 195-208.

Peck, Jamie and Nik Theodore (2015) *Fast Policy: Experimental Statecraft at the Thresholds of Neoliberalism*, Minneapolis, MN: University of

Minnesota Press.

Peng, Ito (2011) "Social investment policy in South Korea", in Rianne Mahon and Fiona Robinson (eds) *Feminist Ethics and Social Policy: Towards a New Global Political Economy of Care*, Vancouver: UBC Press, pp. 94-110.

Peng, Ito (2012) "The social and political economy of care in Japan and South Korea," *International Journal of Sociology and Social Policy*, 32 (11/12): 636-49.

Peng, Ito and Joseph Wong (2008) "Institutions and institutional purpose: continuities and change in East Asian social policy," *Politics and Society*, 36 (1): 61-88.

Peoples Agenda for Alternative Regionalisms (n. d.) "About PAAR," available at http://www.alternative-regionalisms.org/page_id = 2 (accessed 25 January 2016).

Pfau-Effinger, Birgit (2005) "Culture and welfare state policies: reflections on a complex interrelation," *Journal of Social Policy*, 34 (1): 3-20.

Piketty, Thomas (2014) *Capitalism in the Twenty-first Century*, Boston, MA: Belknap Press of Harvard University Press. (山形浩生・守岡桜・森本正史訳, 2014, 『21 世紀の資本』みすず書房)

Pierson, Paul (1993) "When effect becomes cause: policy feedback and political change," *World Politics*, 45 (4): 595-628.

Pierson, Paul (1994) *Dismantling the Welfare State? Reagan, Thatcher, and the Politics of Retrenchment*, Cambridge and New York: Cambridge University Press.

Pierson, Paul (1995) "Fragmented Welfare States: Federal Institutions and the Development of Social Policy," *Governance*, 8 (4): 449-78.

Pierson, Paul (1996) "The new politics of the welfare state," *World Politics*, 48: 143-79.

Pierson, Paul (1998) "Irresistible forces, immovable objects: post-industrial welfare states confront permanent austerity," *Journal of*

European Public Policy, 5 (4): 539-60.

Pierson, Paul (2011) "The welfare state over the very long run," ZES Working Paper 02/2011.

Pleyers, Geoffrey (2011) *After Globalization/Global Justice: Becoming Actors in the Global Age*, Bristol: Polity.

Polanyi, Karl (1944) reprinted in 2001, *The Great Transformation: The Political and Economic Origins of Our Time*, Boston, MA: Beacon Press. (野口建彦・栖原学訳, 2009, 『大転換──市場社会の形成と崩壊』東洋経済新報社)

Powell, Martin and Ki-tae Kim (2014) "The 'chameleon' Korean welfare regime," *Social Policy and Administration*, 48 (6): 626-46.

Pribble, Jennifer (2011) "Worlds apart: social policy regimes in Latin America," *Studies in Comparative Development*, 46: 191-216.

Pribble, Jennifer (2013) *Welfare and Party Politics in Latin America*, Cambridge and New York: Cambridge University Press.

Quadagno, Jill (1984) "Welfare capitalism and the Social Security Act of 1935," *American Sociological Review*, 49: 632-47.

Quadagno, Jill (1988) *The Transformation of Old Age Security: Class and Politics in the American Welfare State*, Chicago, IL: University of Chicago Press.

Quadagno, Jill (1994) *The Color of Welfare*, Oxford and New York: Oxford University Press.

Radin, Margaret Jane (1996) *Contested Commodities*, Cambridge, MA: Harvard University Press.

Raghuram, Parvati (2012) "Global care, local configurations: challenges to conceptualizations of care," *Global Networks*, 12 (2): 155-74.

Ray, Rebecca, Janet Gornick and John Schmitt (2010) "Who cares? Assessing generosity and gender equality in parental leave policy designs in 21 countries," *Journal of European Social Policy*, 20 (3): 196-216.

Rice, James J. and Michael J. Prince (2013) *Changing Politics of Canadian Social Policy* (second edition), Toronto: University of Toronto Press.

Rimlinger, Gaston (1971) *Welfare Policy and Industrialization in America, Germany and Russia*, New York: Wiley.

Rochefort, David A. and Roger W. Cobb (eds) (1994) *The Politics of Problem Definition: Shaping the Policy Agenda*, Lawrence, KS: University Press of Kansas.

Rojas, Cristina (2002) *Civilization and Violence: Regimes of Representation in Nineteenth Century Colombia*, Minneapolis, MN: University of Minnesota Press.

Rostgaard, Tine and Marta Szebehely (2012) "Changing policies, changing patterns of care: Danish and Swedish home care at the crossroads," *European Journal of Ageing*, 9 (2): 101-09.

Sainsbury, Diane (1996) *Gender, Equality, and Welfare States*, Cambridge and New York: Cambridge University Press.

Sainsbury, Diane (2006) "Immigrants' social rights in comparative perspective: welfare regimes, forms of immigration and immigration policy regimes," *Journal of European Social Policy*, 16 (3): 229-44.

Sainsbury, Diane (2012) *Welfare States and Immigrant Rights: The Politics of Inclusion and Exclusion*, Oxford and New York: Oxford University Press.

Saraceno, Chiara and Wolfgang Keck (2010) "Can we identify intergenerational policy regimes in Europe?," *European Societies*, 12 (5): 675-96.

Sarvasy, Wendy and Patrizia Longo (2004) "The globalization of care: Kant's world citizenship and Filipina migrant domestic workers," *International Feminist Journal of Politics*, 6 (3): 392-415.

Saunders, Diane (2015) "Trump's true believers: how he's gone farther than Europe's far right, and who got him there," *Globe and Mail*, 13 December.

Schain, Martin (2008) *The Politics of Immigration in France, Britain, and the United States: A Comparative Study*, Basingstoke: Palgrave Macmillan.

Schmidt, Vivien A. (2002) "Does discourse matter in the politics of welfare state adjustment?," *Comparative Political Studies*, 35 (2): 168–93.

Schmidt, Vivien A. (2011) "Reconciling ideas and institutions through discursive institutionalism," in Daniel Béland and Robert H. Cox (eds) *Ideas and Politics in Social Science Research*, Oxford and New York: Oxford University Press, pp. 47–64.

Schön, Donald A. and Martin Rein (1994) *Frame Reflection: Toward the Resolution of Intractable Policy Controversies*, New York: Basic Books.

Sheahen, Allan (2012) *Basic Income Guarantee: Your Right to Economic Security*, Basingstoke: Palgrave Macmillan.

Shewell, Hugh (2004) *Enough to Keep Them Alive: Indian Welfare in Canada 1873-1965*, Toronto: University of Toronto Press.

Siaroff, Alan (1994) "Work, welfare and gender equality: a new typology," in Diane Sainsbury (ed) *Gendering Welfare States*, London: Sage, pp. 82-100.

Siim, Biirte and Anette Borchorst (2008) "The multicultural challenge to the Danish welfare state: social politics, equality and regulating families," Feminist Research Centre in Aalborg, Paper 65, available via Research Gate, August 2015.

Silver, Hilary (1994) "Social exclusion and social solidarity: three paradigms," *International Labour Review*, 133 (5-6): 531-78.

Silver, Hilary (2015) *Social Exclusion*, Cambridge: Polity.

Silver, Hilary and S. M. Miller (2003) "Social exclusion: the European approach to social disadvantage," *Indicators*, 2 (2): 1-17.

Skocpol, Theda (1985) "Bringing the state back in: strategies of analysis in current research," in Peter B. Evans, Dietrich Rueschemeyer and

Theda Skocpol (eds) *Bringing the State Back In*, Cambridge and New York: Cambridge University Press, pp. 3–38.

Skocpol, Theda (1992) *Protecting Soldiers and Mothers: The Political Origins of Social Policy in the United States*, Cambridge, MA: Belknap Press of Harvard University Press.

Smith, Adam (1776) reprinted in 1991, *The Wealth of Nations*, New York: Random House. (大河内一男監訳, 2020, 『国富論』I・II・III, 中公文庫)

Somers, Margaret and Fred Block (2005) "From poverty to perversity: ideas, markets, and institutions over 200 years of welfare debate," *American Sociological Review*, 70 (2): 260–87.

Spicker, Paul (1991) "The principle of subsidiarity and the social policy of the European Community," *Journal of European Social Policy*, 1 (1): 3–14.

Staab, Silke and Roberto Gerhard (2010) *Childcare Service Expansion in Chile and Mexico: For Women or Children or Both?*, Geneva: UNRISD.

Starke, Peter, Alexandra Kaasch and Frances Van Hooren (eds) (2013) *The Welfare State as Crisis Manager: Explaining the Diversity of Policy Responses to Economic Crisis*, New York: Palgrave Macmillan.

Steensland, Brian (2008) *The Failed Welfare Revolution: America's Struggle over Guaranteed Income Policy*, Princeton, NJ: Princeton University Press.

Steinmo, Sven, Kathleen Thelen and Franck Longstreth (eds) (1992) *Structuring Politics: Historical Institutionalism in Comparative Analysis*, Cambridge and New York: Cambridge University Press.

Stephens, John (1979) *The Transition from Capitalism to Socialism*, London: Macmillan.

Stone, Deborah (1997) *Policy Paradox: The Art of Political Decision Making*, New York: W. W. Norton.

Streeck, Wolfgang and Kathleen Thelen (eds) (2005a) *Beyond Continui-*

ty: Institutional Change in Advanced Political Economies, Oxford and New York: Oxford University Press.

Streeck, Wolfgang and Kathleen Thelen (2005b) "Introduction: institutional change in advanced industrial economies," in Wolfgang Streeck and Kathleen Thelen (eds) *Beyond Continuity: Institutional Change in Advanced Political Economies*, Oxford and New York: Oxford University Press, pp. 1-39.

Sumarto, Sudarno, Asep Suryahadi and Sami Bazzi (2010) "Indonesia's social protection during and after the crisis," in A. Barrientos and D. Hulme (eds) *Social Protection for the Poor and Poorest: Concepts, Policies and Politics*, New York: Palgrave Macmillan, pp. 121-45.

Swank, Dwayne (2002) *Global Capital, Political Institutions, and Policy Change*, Cambridge and New York: Cambridge University Press.

Swenson, Peter (1997) "Arranged alliance: business interests in the New Deal," *Politics and Society*, 25 (March): 66-116.

Tag, Miriam (2013) "The cultural construction of global social policy: theorizing formations and transformations," *Global Social Policy*, 13 (1): 24-44.

Taylor-Gooby, Peter (ed) (2004) *New Risks, New Welfare: The Transformation of the European Welfare State*, Oxford and New York: Oxford University Press.

Thelen, Kathleen (2004) *How Institutions Evolve: The Political Economy of Skills in Germany, Britain, the United States, and Japan*, Cambridge and New York: Cambridge University Press. (石原俊時・横山悦生監訳, 2022, 『制度はいかに進化するか――技能形成の比較政治経済学』大空社出版)

Tilly, Charles (1985) "War making and state making as organized crime," in Peter B. Evans, Dietrich Rueschemeyer and Theda Skocpol (eds) *Bringing the State Back In*, Cambridge and New York: Cambridge University Press, pp. 169-91.

Tilly, Charles (1998) "Where do rights come from?," in Theda Skocpol (ed) *Democracy, Revolution and History*, Ithaca, NY: Cornell University Press, pp. 55-72.

Titmuss, Richard M. (1958) reprinted in 1963, *Essays on 'The Welfare State'*, London: George Allen & Unwin. (谷昌恒訳, 1979, 『福祉国家の理想と現実』東京大学出版会)

Titmuss, Richard M. (1974) Social Policy, London: George Allen & Unwin.

Tomiak, Julie-Ann (2011) "Indigenous self-determination, neoliberalization and the right to the city: rescaling Aboriginal governance in Ottawa and Winnipeg," PhD dissertation, Carleton University.

Transnational Institute (n. d.) *Initiative People's Agenda for Alternative Regionalisms (PAAR)*.

Tsing, Anna Lauenhaupt (2005) *Friction: An Ethnography of Global Connection*, Princeton, NJ: Princeton University Press.

UN Department of Economic and Social Affairs (2015) *Title of Page*.

van Berkel, Rik and Iver Hornemann Møller (2002) *Active Social Policies in the EU: Inclusion through Participation?*, Bristol: Policy Press.

van Cott, Donna Lee (2006) "Multiculturalism vs neoliberalism in Latin America," in Keith Banting and Will Kymlicka (eds) *Multiculturalism and the Welfare State: Recognition and Redistribution in Contemporary Democracies*, Oxford and New York: Oxford University Press, pp. 272-96.

van der Waal, Jeroen, Willem de Koster and Wim van Oorschot (2013) "Three worlds of welfare chauvinism? How welfare regimes affect support for distributing welfare to immigrants in Europe," *Journal of Comparative Policy Analysis: Research and Practice*, 15 (2): 164-81.

van Hooren, Franca (2012) "Varieties of migrant care work: comparing patterns of migrant labour in social care," *Journal of European Social Policy*, 22 (2): 133-47.

van Kersbergen, Kees and Philip Manow (eds) (2009) *Religion, Class*

Coalitions, and Welfare States, Cambridge: Cambridge University Press.

van Kersbergen, Kees, Barbara Vis and Anton Hemerijck (2014) "The great recession and welfare state restructuring: is retrenchment the only game left in town?," *Social Policy and Administration*, 48 (7): 883-904.

van Oorschot, Wim (2007) "Culture and social policy: a developing field of study," *International Journal of Social Welfare*, 16: 129-39.

Von Gliszczynski, Moritz and Lutz Leisering (2016) "Constructing new global models of social security: how international organizations defined the field of social cash transfers in the 2000s," *Journal of Social Policy*, 45 (2): 325-43.

Vetterlein, Antje (2015) "Understanding policy change as position-taking: the IMF and social policies in times of crisis," in S. McBride, R. Mahon and G. Boychuk (eds) *After '08: Social Policy and the Global Financial Crisis*, Vancouver: UBC Press, pp. 87-104.

Wade, Peter (2004) "Ethnicity, multiculturalism and social policy in Latin America: Afro-Latin (and indigenous) populations," ERSC seminar series on Social Policy, Stability and Exclusion in Latin America, 27 February, ILAS, available via the author.

Walker-Bourne, Astrid, Mark Gorman and Michael Bünte (2011) "HelpAge International as a global actor," in Lutz Leisering (ed) *Die Alten Der Welt Neue Wege der Altersschierung im Globalen Norden und Süden*, Frankfurt: Campus Verlag, pp. 395-429.

Walters, William (2000) *Unemployment and Government: Genealogies of the Social*, Cambridge and New York: Cambridge University Press.

Weaver, R. Kent (1986) "The politics of blame avoidance," *Journal of Public Policy*, 6 (4): 371-98.

Weaver, R. Kent (2010) "Paths and forks or chutes and ladders: negative feedbacks and policy regime change," *Journal of Public Policy*, 30 (2):

137-62.

Weaver, R. Kent and Bert A. Rockman (eds) (1993) *Do Institutions Matter? Government Capabilities in the U. S. and Abroad*, Washington, DC: Brookings Institute.

Weyland, Kurt (2006) *Bounded Rationality and Policy Diffusion: Social Sector Reform in Latin America*, Princeton, NJ: Princeton University Press.

Whiteside, Heather. (2015) "Austerity budgets and public sector retrenchment: crisis era policy making in Britain, Canada and Australia," in S. McBride, R. Mahon and G. Boychuk (eds) *After '08: Social Policy and the Global Financial Crisis*, Vancouver: UBC Press, pp. 254-71.

Wilensky, Harold L. (1975) *The Welfare State and Equality: Structural and Ideological Roots of Public Expenditures*, Berkeley, CA: University of California Press.（下平好博訳，2004，『福祉国家と平等——公共支出の構造的・イデオロギー的起源』木鐸社）

Wilensky, Harold and Charles N. Lebeaux (1958) *Industrial Society and Social Welfare*, New York: Russell Sage.（四方寿雄監訳〔上巻〕・徳岡秀雄・本出祐之監訳〔下巻〕，1971，『産業社会と社会福祉』上・下，岩崎学術出版社）

Williams, Fiona (1995) "Race/ethnicity, gender, and class in welfare states: a framework for comparative analysis," *Social Politics*, 2 (2): 127-60.

Williams, Fiona (2012) "Converging variations in migrant care work in Europe," *Journal of European Social Policy*, 22 (4): 363-76.

Williamson, John B. and Daniel Béland (2015) "The future of retirement security in comparative perspective," in Linda K. George and Kenneth F. Ferraro (eds) *Handbook of Aging and the Social Sciences* (8th edition), San Diego, CA: Elsevier, pp. 461-81.

Wincott, Daniel (2006) "Paradoxes of new labour social policy: toward universal child care in Europe's 'most liberal' welfare regime?," *Social Politics*, 16 (2): 286-316.

Wincott, Daniel (2011) "Ideas, policy change and the welfare state," in Daniel Béland and Robert H. Cox (eds) *Ideas and Politics in Social Science Research*, Oxford and New York: Oxford University Press, pp. 143-66.

Wodak, Ruth., Majid Khosravinik and Brigitte Mral (eds) (2013) *Right-wing Populism in Europe: Politics and Discourse*, London: Bloomsbury Academic.

Wood, Geof and Ian Gough (2006) "A comparative welfare regime approach to global social policy," *World Development*, 34 (10): 1696-712.

World Bank (1994) *Averting the Old Age Crisis: Policies to Protect the Old and Promote Growth*, Oxford: Oxford University Press.

World Bank (2013) *Inclusion Matters: The Foundation for Shared Prosperity*, Washington, DC: The World Bank.

Yeandle, Sue, Teppo Kröger and Bettina Cass (2012) "Voice and choice for users and carers? Developments in patterns of care for older people in Australia, England and Finland," *Journal of European Social Policy*, 22 (4): 432-45.

Yeates, Nicola (2008) "The idea of global social policy," in Nicola Yeates (ed) *Understanding Global Social Policy*, Bristol: Policy Press, pp. 1-20.

Yeates, Nicola (2012) "Global care chains: a state-of-the-art review and future directions in care transnationalization research," *Global Networks*, 12 (2): 135-54.

Yeates, Nicola (2014) "The socialization of regionalism and the regionalization of social policy: contexts, imperatives," in Alexandra Kaasch and Paul Stubbs (eds) *Transformations in Global and Regional Social Policies*, New York: Palgrave, pp. 17-43.

Yeates, Nicola and Bob Deacon (2010) "Globalization, regional integration and social policy," in Bob Deacon (ed) *World-regional Social Policy and*

Global Governance: New Research and Policy Agendas in Africa, Asia, Europe and Latin America, London: Routledge, pp. 27-40.

Yu, Hao (2015) "Universal health insurance coverage for 1. 3 billion people: what accounts for China's success?," *Health Policy*, 119 (9): 1145-52.

索　引

222

著者紹介　　ダニエル・ベラン（Daniel Béland）
　　　　　　　マギル大学教授

　　　　　　リアン・マホン（Rianne Mahon）
　　　　　　　カールトン大学特別研究名誉教授

訳者紹介　　上村泰裕（かみむら　やすひろ）
　　　　　　　名古屋大学准教授

社会政策の考え方

現代世界の見取図

Advanced Introduction to Social Policy

2023 年 5 月 30 日　　初版第 1 刷発行

著　者　　ダニエル・ベラン，リアン・マホン
訳　者　　上村泰裕
発行者　　江草貞治
発行所　　株式会社有斐閣

　　　　　〒101-0051　東京都千代田区神田神保町 2-17

　　　　　https://www.yuhikaku.co.jp/

装　丁　　吉野　愛
印　刷　　株式会社三陽社
製　本　　大口製本印刷株式会社
装丁印刷　株式会社亨有堂印刷所